P9-DTW-990

ARTHUR SCHNITZLER

Anatol
Anatols Größenwahn
Der grüne Kakadu

MIT EINEM NACHWORT VON
GERHART BAUMANN

PHILIPP RECLAM JUN. STUTTGART

Die Texte folgen der Ausgabe: Arthur Schnitzler: Gesammelte Werke. Die Dramatischen Werke. Erster Band.
Frankfurt am Main: S. Fischer, 1962.

[handschriftliche Notizen:]
Ernst Mach
Philosoph
Der Mensch besteht aus Expressionen
Expressionen bilden uns.

Universal-Bibliothek Nr. 8399[2]
Alle Rechte vorbehalten
© für diese Ausgabe 1970 Philipp Reclam jun. GmbH & Co., Stuttgart
© für die Texte 1962 S. Fischer Verlag, Frankfurt am Main
Gesamtherstellung: Reclam, Ditzingen. Printed in Germany 1991
RECLAM und UNIVERSAL-BIBLIOTHEK sind eingetragene
Warenzeichen der Philipp Reclam jun. GmbH & Co., Stuttgart
ISBN 3-15-008399-0

ANATOL

EINLEITUNG. VON LORIS

DIE FRAGE AN DAS SCHICKSAL

WEIHNACHTSEINKÄUFE

EPISODE

DENKSTEINE

ABSCHIEDSSOUPER

AGONIE

ANATOLS HOCHZEITSMORGEN

expressionist:
  Er lebt für den Augenblick
- für die Erfahrung.

- Episoden. Er weiß gern den Moment
    wenn es aus wird (mit Frauen)

- Es muß ein Prinzip geben. Sein Leben ist in
Stücke.

- soziale Satire. Was ist ein Mensch?
    Was war soz. Definition.

EINLEITUNG

Hohe Gitter, Taxushecken,
Wappen, nimmermehr vergoldet,
Sphinxe, durch das Dickicht schimmernd ...
... Knarrend öffnen sich die Tore. –
Mit verschlafenen Kaskaden
Und verschlafenen Tritonen,
Rokoko, verstaubt und lieblich
Seht ... das Wien des Canaletto,
Wien von Siebzehnhundertsechzig ...
... Grüne, braune, stille Teiche,
Glatt und marmorweiß umrandet,
In dem Spiegelbild der Nixen
Spielen Gold- und Silberfische ...
Auf dem glattgeschornen Rasen
Liegen zierlich gleiche Schatten
Schlanker Oleanderstämme;
Zweige wölben sich zur Kuppel,
Zweige neigen sich zur Nische
Für die steifen Liebespaare
Heroinen und Heroen ...
Drei Delphine gießen murmelnd
Fluten in ein Muschelbecken ...
Duftige Kastanienblüten
Gleiten, schwirren leuchtend nieder
Und ertrinken in dem Becken ...
... Hinter einer Taxusmauer
Tönen Geigen, Klarinetten ...
Und sie scheinen den graziösen
Amoretten zu entströmen,
Die rings auf der Rampe sitzen
Fiedelnd oder Blumen windend,
Selbst von Blumen bunt umgeben,
Die aus Marmorvasen strömen:
Goldlack und Jasmin und Flieder ...
... Auf der Rampe, zwischen ihnen
Sitzen auch kokette Frauen,
Violette Monsignori ...
Und im Gras, zu ihren Füßen,

Und auf Polstern, auf den Stufen:
Kavaliere und Abbati . . .
Andre heben andre Frauen
Aus den parfümierten Sänften . . .
. . . Durch die Zweige brechen Lichter,
Flimmernd auf den blonden Köpfchen;
Scheinen auf den bunten Polstern,
Gleiten über Kies und Rasen,
Gleiten über das Gerüste,
Das wir flüchtig aufgeschlagen.
Wein und Winde klettert aufwärts
Und umhüllt die lichten Balken.
Und dazwischen, farbenüppig
Flattert Teppich und Tapete,
Schäferszenen, keck gewoben,
Zierlich von Watteau entworfen . . .
Eine Laube statt der Bühne,
Sommersonne statt der Lampen,
Also spielen wir Theater,
Spielen unsre eignen Stücke,
Frühgereift und zart und traurig,
Die Komödie unsrer Seele,
Unsres Fühlens Heut und Gestern,
Böser Dinge hübsche Formel,
Glatte Worte, bunte Bilder,
Halbes, heimliches Empfinden,
Agonien, Episoden . . .
Manche hören zu, nicht alle . . .
Manche träumen, manche lachen,
Manche essen Eis . . . und manche
Sprechen sehr galante Dinge . . .
. . . Nelken wiegen sich im Winde,
Hochgestielte, weiße Nelken,
Wie ein Schwarm von weißen Faltern . . .
Und ein Bologneserhündchen
Bellt verwundert einen Pfau an . . .

Herbst 1892   L o r i s

DIE FRAGE AN DAS SCHICKSAL

Anatol. Max. Cora.
Anatols Zimmer.

M a x. Wahrhaftig, Anatol, ich beneide dich ...

A n a t o l *(lächelt).*

M a x. Nun, ich muß dir sagen, ich war erstarrt. Ich habe ja doch bisher das Ganze für ein Märchen gehalten. Wie ich das nun aber sah, ... wie sie vor meinen Augen einschlief ... wie sie tanzte, als du ihr sagtest, sie sei eine Ballerine, und wie sie weinte, als du ihr sagtest, ihr Geliebter sei gestorben, und wie sie einen Verbrecher begnadigte, als du sie zur Königin machtest ...

A n a t o l. Ja, ja.

M a x. Ich sehe, es steckt ein Zauberer in dir!

A n a t o l. In uns allen.

M a x. Unheimlich.

A n a t o l. Das kann ich nicht finden ... Nicht unheimlicher als das Leben selbst. Nicht unheimlicher als vieles, auf das man erst im Laufe der Jahrhunderte gekommen. Wie, glaubst du wohl, war unseren Voreltern zumute, als sie plötzlich hörten, die Erde drehe sich? Sie müssen alle schwindlig geworden sein!

M a x. Ja ... aber es bezog sich auf alle!

A n a t o l. Und wenn man den Frühling neu entdeckte! ... Man würde auch an ihn nicht glauben! Trotz der grünen Bäume, trotz der blühenden Blumen und trotz der Liebe.

M a x. Du verirrst dich; all das ist Gefasel. Mit dem Magnetismus ...

A n a t o l. Hypnotismus ...

M a x. Nein, mit dem ist's ein ander Ding. Nie und nimmer würde ich mich hypnotisieren lassen.

A n a t o l. Kindisch! Was ist daran, wenn ich dich einschlafen heiße, und du legst dich ruhig hin.

M a x. Ja, und dann sagst du mir: »Sie sind ein Rauchfangkehrer«, und ich steige in den Kamin und werde rußig! ...

A n a t o l. Nun, das sind ja Scherze ... Das Große an der Sache ist die wissenschaftliche Verwertung. – Aber ach, allzuweit sind wir ja doch nicht.

M a x. Wieso . . .?

A n a t o l. Nun, ich, der jenes Mädchen heute in hundert andere Welten versetzen konnte, wie bring ich mich selbst in eine andere?

M a x. Ist das nicht möglich?

A n a t o l. Ich hab es schon versucht, um die Wahrheit zu sagen. Ich habe diesen Brillantring minutenlang angestarrt und habe mir selbst die Idee eingegeben: Anatol! schlafe ein! Wenn du aufwachst, wird der Gedanke an jenes Weib, das dich wahnsinnig macht, aus deinem Herzen geschwunden sein.

M a x. Nun, als du aufwachtest?

A n a t o l. Oh, ich schlief gar nicht ein.

M a x. Jenes Weib . . . jenes Weib? . . . Also noch immer!

A n a t o l. Ja, mein Freund! . . . noch immer! Ich bin unglücklich, bin toll.

M a x. Noch immer also . . . im Zweifel?

A n a t o l. Nein . . . nicht im Zweifel. Ich weiß, daß sie mich betrügt! Während sie an meinen Lippen hängt, während sie mir die Haare streichelt . . . während wir selig sind . . . weiß ich, daß sie mich betrügt.

M a x. Wahn!

A n a t o l. Nein!

M a x. Und deine Beweise?

A n a t o l. Ich ahne es . . . ich fühle es . . . darum weiß ich es!

M a x. Sonderbare Logik!

A n a t o l. Immer sind diese Frauenzimmer uns untreu. Es ist ihnen ganz natürlich . . . sie wissen es gar nicht . . . So wie ich zwei oder drei Bücher zugleich lesen muß, müssen diese Weiber zwei oder drei Liebschaften haben.

M a x. Sie liebt dich doch?

A n a t o l. Unendlich . . . Aber das ist gleichgültig. Sie ist mir untreu.

M a x. Und mit wem?

A n a t o l. Weiß ich's? Vielleicht mit einem Fürsten, der ihr auf der Straße nachgegangen, vielleicht mit einem Poeten aus einem Vorstadthause, der ihr vom Fenster aus zugelächelt hat, als sie in der Früh' vorbeiging!

M a x. Du bist ein Narr!

A n a t o l. Und was für einen Grund hätte sie, mir nicht

untreu zu sein? Sie ist wie jede, liebt das Leben, und denkt nicht nach. Wenn ich sie frage: Liebst du mich? – so sagt sie ja – und spricht die Wahrheit; und wenn ich sie frage, bist du mir treu? – so sagt sie wieder ja – und wieder spricht sie die Wahrheit, weil sie sich gar nicht an die andern erinnert – in dem Augenblick wenigstens. Und dann, hat dir je eine geantwortet: Mein lieber Freund, ich bin dir untreu? Woher soll man also die Gewißheit nehmen? Und wenn sie mir treu ist –

Max. Also doch! –

Anatol. So ist es der reine Zufall ... Keineswegs denkt sie: Oh, ich muß ihm die Treue halten, meinem lieben Anatol ... keineswegs –

Max. Aber wenn sie dich liebt?

Anatol. Oh, mein naiver Freund! Wenn das ein Grund wäre!

Max. Nun?

Anatol. Warum bin ich ihr nicht treu? ... Ich liebe sie doch gewiß!

Max. Nun ja! Ein Mann!

Anatol. Die alte dumme Phrase! Immer wollen wir uns einreden, die Weiber seien darin anders als wir! Ja, manche ... die, welche die Mutter einsperrt, oder die, welche kein Temperament haben ... Ganz gleich sind wir. Wenn ich einer sage: Ich liebe dich, nur dich – so fühle ich nicht, daß ich sie belüge, auch wenn ich in der Nacht vorher am Busen einer andern geruht.

Max. Ja ... du!

Anatol. Ich ... ja! Und du vielleicht nicht? Und sie, meine angebetete Cora vielleicht nicht? Oh! Und es bringt mich zur Raserei. Wenn ich auf den Knien vor ihr läge und ihr sagte: Mein Schatz, mein Kind – alles ist dir im vorhin verziehen – aber sag mir die Wahrheit – was hülfe es mir? Sie würde lügen wie vorher – und ich wäre soweit als vorher. Hat mich noch keine angefleht: »Um Himmels willen! Sag mir ... bist du mir wirklich treu? Kein Wort des Vorwurfs, wenn du's nicht bist; aber die Wahrheit! Ich muß sie wissen« ... Was hab ich drauf getan? Gelogen ... ruhig, mit einem seligen Lächeln ... mit dem reinsten Gewissen. Warum soll ich dich betrüben, hab

ich mir gedacht? Und ich sagte: Ja, mein Engel! Treu bis
in den Tod. Und sie glaubte mir und war glücklich!

M a x. Nun also!

A n a t o l. Aber ich glaube nicht und bin nicht glücklich! Ich
wär' es, wenn es irgendein untrügliches Mittel gäbe, diese
dummen, süßen, hassenswerten Geschöpfe zum Sprechen
zu bringen oder auf irgendeine andere Weise die Wahrheit
zu erfahren ... Aber es gibt keines außer dem Zufall.

M a x. Und die Hypnose?

A n a t o l. Wie?

M a x. Nun ... die Hypnose ... Ich meine das so: Du
schläferst sie ein und sprichst: Du mußt mir die Wahrheit
sagen.

A n a t o l. Hm ...

M a x. Du mußt ... Hörst du ...

A n a t o l. Sonderbar! ...

M a x. Es müßte doch gehen ... Und nun fragst du sie weiter ... Liebst du mich? ... Einen anderen? ... Woher
kommst du? ... Wohin gehst du? ... Wie heißt jener andere? ... Und so weiter.

A n a t o l. Max! Max!

M a x. Nun ...

A n a t o l. Du hast recht! ... Man könnte ein Zauberer sein!
Man könnte sich ein wahres Wort aus einem Weibermund
hervorhexen ...

M a x. Nun also? Ich sehe dich gerettet! Cora ist ja gewiß
ein geeignetes Medium ... heute abend noch kannst du
wissen, ob du ein Betrogener bist ... oder ein ...

A n a t o l. Oder ein Gott! ... Max! ... Ich umarme dich!
... Ich fühle mich wie befreit ... ich bin ein ganz anderer.
Ich habe sie in meiner Macht ...

M a x. Ich bin wahrhaftig neugierig ...

A n a t o l. Wieso? Zweifelst du etwa?

M a x. Ach so, die andern dürfen nicht zweifeln, nur du ...

A n a t o l. Gewiß! ... Wenn ein Ehemann aus dem Hause
tritt, wo er eben seine Frau mit ihrem Liebhaber entdeckt
hat, und ein Freund tritt ihm entgegen mit den Worten:
Ich glaube, deine Gattin betrügt dich, so wird er nicht antworten: Ich habe soeben die Überzeugung gewonnen ...
sondern: Du bist ein Schurke ...

M a x. Ja, ich hatte fast vergessen, daß es die erste Freun-
despflicht ist – dem Freund seine Illusionen zu lassen.

A n a t o l. Still doch ...

M a x. Was ist's?

A n a t o l. Hörst du sie nicht? Ich kenne die Schritte, auch
wenn sie noch in der Hausflur hallen.

M a x. Ich höre nichts.

A n a t o l. Wie nahe schon! ... Auf dem Gange ... *(Öffnet
die Tür.)* Cora!

C o r a *(draußen)*. Guten Abend! O du bist nicht allein ...

A n a t o l. Freund Max!

C o r a *(hereintretend)*. Guten Abend! Ei, im Dunklen? ...

A n a t o l. Ach, es dämmert ja noch. Du weißt, das liebe ich.

C o r a *(ihm die Haare streichelnd)*. Mein kleiner Dichter!

A n a t o l. Meine liebste Cora!

C o r a. Aber ich werde immerhin Licht machen ... Du erlaubst. *(Sie zündet die Kerzen in den Leuchtern an.)*

A n a t o l *(zu Max)*. Ist sie nicht reizend?

M a x. Oh!

C o r a. Nun, wie geht's? Dir Anatol – Ihnen, Max? – Plaudert ihr schon lange?

A n a t o l. Eine halbe Stunde.

C o r a. So. *(Sie legt Hut und Mantel ab.)* Und worüber?

A n a t o l. Über dies und jenes.

M a x. Über die Hypnose.

C o r a. O schon wieder die Hypnose! Man wird ja schon
ganz dumm davon.

A n a t o l. Nun ...

C o r a. Du, Anatol, ich möchte, daß du einmal mich hypno-
tisierst.

A n a t o l. Ich ... Dich ...?

C o r a. Ja, ich stelle mir das sehr hübsch vor. Das heißt –
von dir.

A n a t o l. Danke.

C o r a. Von einem Fremden ... nein, nein, das wollt' ich
nicht.

A n a t o l. Nun, mein Schatz ... wenn du willst, hypnotisiere ich dich.

C o r a. Wann?

A n a t o l. Jetzt! Sofort, auf der Stelle.

C o r a . Ja! Gut! Was muß ich tun?

A n a t o l . Nichts anderes, mein Kind, als ruhig auf dem Fauteuil sitzen zu bleiben und den guten Willen haben, einzuschlafen.

C o r a . O ich habe den guten Willen!

A n a t o l . Ich stelle mich vor dich hin, du siehst mich an ... nun ... sieh mich doch an ... ich streiche dir über Stirne und Augen. So ...

C o r a . Nun ja, und was dann ...

A n a t o l . Nichts ... Du mußt nur einschlafen wollen.

C o r a . Du, wenn du mir so über die Augen streichst, wird mir ganz sonderbar ...

A n a t o l . Ruhig ... nicht reden ... Schlafen. Du bist schon recht müde.

C o r a . Nein.

A n a t o l . Ja! ... ein wenig müde.

C o r a . Ein wenig, ja ...

A n a t o l . ... Deine Augenlider werden dir schwer ... sehr schwer, deine Hände kannst du kaum mehr erheben ...

C o r a *(leise).* Wirklich.

A n a t o l *(ihr weiter über Stirne und Augen streichelnd, eintönig).* Müd ... ganz müd bist du ... nun schlafe ein, mein Kind ... Schlafe ... ganz müd bist du ... nun schlafe ein, mein Kind ... Schlafe. *(Er wendet sich zu Max, der bewundernd zusieht, macht eine siegesbewußte Miene.)* Schlafen ... Nun sind die Augen fest geschlossen ... Du kannst sie nicht mehr öffnen ...

C o r a *(will die Augen öffnen).*

A n a t o l . Es geht nicht ... Du schläfst ... Nur ruhig weiter schlafen ... So ...

M a x *(will etwas fragen).* Du ...

A n a t o l . Ruhig. *(Zu Cora.)* ... Schlafen ... fest, tief schlafen. *(Er steht eine Weile vor Cora, die ruhig atmet und schläft.)* So ... nun kannst du fragen.

M a x . Ich wollte nur fragen, ob sie wirklich schläft.

A n a t o l . Du siehst doch ... Nun wollen wir ein paar Augenblicke warten. *(Er steht vor ihr, sieht sie ruhig an. Große Pause.)* Cora! ... Du wirst mir nun antworten ... Antworten. Wie heißt du?

C o r a . Cora.

A n a t o l. Cora, wir sind im Wald.

C o r a. Oh... im Wald... wie schön! Die grünen Bäume ... und die Nachtigallen.

A n a t o l. Cora... Du wirst mir nun in allem die Wahrheit sagen... Was wirst du tun, Cora?

C o r a. Ich werde die Wahrheit sagen.

A n a t o l. Du wirst mir alle Fragen wahrheitsgetreu beantworten, und wenn du aufwachst, wirst du wieder alles vergessen haben! Hast du mich verstanden?

C o r a. Ja.

A n a t o l. Nun schlafe... ruhig schlafen. *(Zu Max.)* Jetzt also werde ich sie fragen...

M a x. Du, wie alt ist sie denn?

A n a t o l. Neunzehn... Cora, wie alt bist du?

C o r a. <u>Einundzwanzig Jahre.</u>

M a x. Haha.

A n a t o l. Pst... das ist ja außerordentlich... Du siehst daraus...

M a x. Oh, wenn sie gewußt hätte, daß sie ein so gutes Medium ist!

A n a t o l. Die Suggestion hat gewirkt. Ich werde sie weiterfragen. – Cora, liebst du mich...? Cora... liebst du mich?

C o r a. Ja!

A n a t o l *(triumphierend)*. Hörst du's?

M a x. Nun also, die Hauptfrage, ob sie treu ist.

A n a t o l. Cora! *(Sich umwendend.)* Die Frage ist dumm.

M a x. Warum?

A n a t o l. So kann man nicht fragen!

M a x. ...?

A n a t o l. Ich muß die Frage anders fassen.

M a x. Ich denke doch, sie ist präzis genug.

A n a t o l. Nein, das ist eben der Fehler, sie ist nicht präzis genug.

M a x. Wieso?

A n a t o l. Wenn ich sie frage: Bist du treu, so meint sie dies vielleicht im allerweitesten Sinne.

M a x. Nun?

A n a t o l. Sie umfaßt vielleicht die ganze... Vergangenheit... Sie denkt möglicherweise an eine Zeit, wo sie einen anderen liebte... und wird antworten: Nein.

M a x. Das wäre ja auch ganz interessant.

A n a t o l. Ich danke ... Ich weiß, Cora ist andern begegnet vor mir ... Sie hat mir selbst einmal gesagt: Ja, wenn ich gewußt hätte, daß ich dich einmal treffe ... dann ...

M a x. Aber sie hat es nicht gewußt.

A n a t o l. Nein ...

M a x. Und was deine Frage anbelangt ...

A n a t o l. Ja ... Diese Frage ... Ich finde sie plump, in der Fassung wenigstens.

M a x. Nun so stelle sie etwa so: Cora, warst du mir treu, seit du mich kennst?

A n a t o l. Hm ... Das wäre etwas. *(Vor Cora.)* Cora! Warst du ... Auch das ist ein Unsinn!

M a x. Ein Unsinn!?

A n a t o l. Ich bitte ... man muß sich nur vorstellen, wie wir uns kennenlernten. Wir ahnten ja selbst nicht, daß wir uns einmal so wahnsinnig lieben würden. Die ersten Tage betrachteten wir beide die ganze Geschichte als etwas Vorübergehendes. Wer weiß ...

M a x. Wer weiß ...?

A n a t o l. Wer weiß, ob sie nicht mich erst zu lieben anfing – als sie einen andern zu lieben aufhörte? Was erlebte dieses Mädchen einen Tag, bevor ich sie traf, bevor wir das erste Wort miteinander sprachen? War es ihr möglich, sich da so ohne weiteres loszureißen? Hat sie nicht vielleicht tage- und wochenlang noch eine alte Kette nachschleppen müssen, *müssen*, sag ich.

M a x. Hm.

A n a t o l. Ich will sogar noch weiter gehen ... Die erste Zeit war es ja nur eine Laune von ihr – wie von mir. Wir haben es beide nicht anders angesehen, wir haben nichts anderes voneinander verlangt, als ein flüchtiges, süßes Glück. Wenn sie zu jener Zeit ein Unrecht begangen hat, was kann ich ihr vorwerfen? Nichts – gar nichts.

M a x. Du bist eigentümlich mild.

A n a t o l. Nein, durchaus nicht, ich finde es nur unedel, die Vorteile einer augenblicklichen Situation in dieser Weise auszunützen.

M a x. Nun, das ist sicher vornehm gedacht. Aber ich will dir aus der Verlegenheit helfen.

A n a t o l. –?

M a x. Du fragst sie, wie folgt: Cora, seit du mich liebst ...
bist du mir treu?

A n a t o l. Das klingt zwar sehr klar.

M a x. ... Nun?

A n a t o l. Ist es aber durchaus nicht.

M a x. Oh!

A n a t o l. Treu! Wie heißt das eigentlich: Treu? Denke
dir ... sie ist gestern in einem Eisenbahnwaggon gefahren,
und ein gegenübersitzender Herr berührte mit seinem
Fuße die Spitze des ihren. Jetzt mit diesem eigentümlichen, durch den Schlafzustand ins Unendliche gesteigerten Auffassungsvermögen, in dieser verfeinerten Empfindungsfähigkeit, wie sie ein Medium zweifellos in der
Hypnose besitzt, ist es gar nicht ausgeschlossen, daß sie
auch *das* schon als einen Treubruch ansieht.

M a x. Na höre!

A n a t o l. Um so mehr, als sie in unseren Gesprächen über
dieses Thema, wie wir sie manchmal zu führen pflegten,
meine vielleicht etwas übertriebenen Ansichten kennenlernte. Ich selbst habe ihr gesagt: Cora, auch wenn du
einen andern Mann einfach anschaust, ist es schon eine
Untreue gegen mich!

M a x. Und sie?

A n a t o l. Und sie, sie lachte mich aus und sagte, wie ich
nur glauben könne, daß sie einen andern anschaue.

M a x. Und doch glaubst du –?

A n a t o l. Es gibt Zufälle – denke dir, ein Zudringlicher
geht ihr abends nach und drückt ihr einen Kuß auf den Hals.

M a x. Nun – das ...

A n a t o l. Nun – das ist doch nicht ganz unmöglich!

M a x. Also du willst sie nicht fragen.

A n a t o l. O doch ... aber ...

M a x. Alles, was du vorgebracht hast, ist ein Unsinn.
Glaube mir, die Weiber mißverstehen uns nicht, wenn wir
sie um ihre Treue fragen. Wenn du ihr jetzt zuflüsterst
mit zärtlicher, verliebter Stimme: Bist du mir treu ... so
wird sie an keines Herrn Fußspitzen und keines Zudring-
lichen Kuß auf den Nacken denken – sondern nur an
das, was wir gemeiniglich unter Untreue verstehen, wobei

du noch immer den Vorteil hast, bei ungenügenden Antworten weitere Fragen stellen zu können, die alles aufklären müssen. –

A n a t o l. Also du willst durchaus, daß ich sie fragen soll ...

M a x. Ich? ... Du wolltest doch!

A n a t o l. Mir ist nämlich soeben noch etwas eingefallen.

M a x. Und zwar ...?

A n a t o l. Das Unbewußte!

M a x. Das Unbewußte?

A n a t o l. Ich glaube nämlich an unbewußte Zustände.

M a x. So.

A n a t o l. Solche Zustände können aus sich selbst heraus entstehen, sie können aber auch erzeugt werden, künstlich, ... durch betäubende, durch berauschende Mittel.

M a x. Willst du dich nicht näher erklären ...?

A n a t o l. Vergegenwärtige dir ein dämmeriges, stimmungsvolles Zimmer.

M a x. Dämmerig ... stimmungsvoll ... ich vergegenwärtige mir.

A n a t o l. In diesem Zimmer sie ... und irgendein anderer.

M a x. Ja, wie sollte sie da hineingekommen sein?

A n a t o l. Ich will das vorläufig offenlassen. Es gibt ja Vorwände ... Genug! So etwas kann vorkommen. Nun – ein paar Gläser Rheinwein ... eine eigentümlich schwüle Luft, die über dem Ganzen lastet, ein Duft von Zigaretten, parfümierten Tapeten, ein Lichtschein von einem matten Glaslüster und rote Vorhänge – Einsamkeit – Stille – nur Flüstern von süßen Worten ...

M a x. ...!

A n a t o l. Auch andere sind da schon erlegen! Bessere, ruhigere als sie!

M a x. Nun ja, nur kann ich es mit dem Begriffe der Treue noch immer nicht vereinbar finden, daß man sich mit einem andern in solch ein Gemach begibt.

A n a t o l. Es gibt so rätselhafte Dinge ...

M a x. Nun, mein Freund, du hast die Lösung eines jener Rätsel, über das sich die geistreichsten Männer den Kopf zerbrochen, vor dir; du brauchst nur zu sprechen, und du weißt alles, was du wissen willst. Eine Frage – und du

erfährst, ob du einer von den wenigen bist, die *allein* geliebt werden, kannst erfahren, wo dein Nebenbuhler ist,
erfahren, wodurch ihm der Sieg über dich gelungen –
und du sprichst dieses Wort nicht aus! – Du hast eine
Frage frei an das Schicksal! Du stellst sie nicht! Tage- und
nächtelang quälst du dich, dein halbes Leben gäbst du
hin für die Wahrheit, nun liegt sie vor dir, du bückst
dich nicht, um sie aufzuheben! Und warum? Weil es sich
vielleicht fügen kann, daß eine Frau, die du liebst, wirklich so ist, wie sie *alle* deiner Idee nach sein sollen – und
weil dir deine Illusion doch tausendmal lieber ist als die
Wahrheit. Genug also des Spiels, wecke dieses Mädchen
auf und lasse dir an dem stolzen Bewußtsein genügen,
daß du ein Wunder – hättest vollbringen können.

A n a t o l. Max!

M a x. Nun, habe ich vielleicht unrecht? Weißt du nicht
selbst, daß alles, was du mir früher sagtest, Ausflüchte
waren, leere Phrasen, mit denen du weder mich noch dich
täuschen konntest?

A n a t o l *(rasch)*. Max . . . Laß dir nur sagen, ich will; ja,
ich will sie fragen!

M a x. Ah!

A n a t o l. Aber sei mir nicht böse – nicht vor dir!

M a x. Nicht vor mir?

A n a t o l. Wenn ich es hören muß, das Furchtbare, wenn
sie mir antwortet: Nein, ich war dir nicht treu – so soll
ich allein es sein, der es hört. Unglücklich sein – ist erst
das halbe Unglück, bedauert werden: Das ist das ganze!
– Das will ich nicht. Du bist ja mein bester Freund, aber
darum gerade will ich nicht, daß deine Augen mit jenem
Ausdruck von Mitleid auf mir ruhen, der dem Unglück-
lichen erst sagt, *wie* elend er ist. Vielleicht ist's auch noch
etwas anderes – vielleicht schäme ich mich vor dir. Die
Wahrheit wirst du ja doch erfahren, du hast dieses Mädchen heute zum letztenmal bei mir gesehen, wenn sie mich
betrogen hat! Aber du sollst es nicht mit mir zugleich
hören; das ist's, was ich nicht ertragen könnte. Begreifst
du das . . .?

M a x. Ja, mein Freund *(drückt ihm die Hand)*, und ich
lasse dich auch mit ihr allein.

A n a t o l. Mein Freund! *(Ihn zur Tür begleitend.)* In weniger als einer Minute ruf ich dich herein! – *(Max ab.)*

A n a t o l *(steht vor Cora ... sieht sie lange an)* Cora! ...! *(Schüttelt den Kopf, geht herum.)* Cora! – *(Vor Cora auf den Knien.)* Cora! Meine süße Cora! – Cora! *(Steht auf. Entschlossen.)* Wach auf ... und küsse mich!

C o r a *(steht auf, reibt sich die Augen, fällt Anatol um den Hals).* Anatol! Hab ich lang geschlafen? ... Wo ist denn Max?

A n a t o l. Max!

M a x *(kommt aus dem Nebenzimmer).* Da bin ich!

A n a t o l. Ja ... ziemlich lang hast du geschlafen – du hast auch im Schlafe gesprochen.

C o r a. Um Gottes willen! Doch nichts Unrechtes? –

M a x. Sie haben nur auf seine Fragen geantwortet!

C o r a. Was hat er denn gefragt?

A n a t o l. Tausenderlei! ...

C o r a. Und ich habe immer geantwortet? Immer?

A n a t o l. Immer.

C o r a. Und was du gefragt hast, das darf man nicht wissen? –

A n a t o l. Nein, das darf man nicht! Und morgen hypnotisiere ich dich wieder!

C o r a. O nein! Nie wieder! Das ist ja Hexerei. Da wird man gefragt und weiß nach dem Erwachen nichts davon. – Gewiß hab ich lauter Unsinn geplauscht.

A n a t o l. Ja ... zum Beispiel, daß du mich liebst ...

C o r a. Wirklich.

M a x. Sie glaubt es nicht! Das ist sehr gut!

C o r a. Aber schau ... das hätte ich dir ja auch im Wachen sagen können!

A n a t o l. Mein Engel! *(Umarmung.)*

M a x. Meine Herrschaften ... adieu! –

A n a t o l. Du gehst schon?

M a x. Ich muß.

A n a t o l. Sei nicht böse, wenn ich dich nicht begleite. –

C o r a. Auf Wiedersehen!

M a x. Durchaus nicht. *(Bei der Tür.)* Eines ist mir klar: Daß die Weiber auch in der Hypnose lügen ... Aber sie sind glücklich – und das ist die Hauptsache. Adieu,

Kinder. *(Sie hören ihn nicht, da sie sich in einer leiden-*
schaftlichen Umarmung umschlungen halten.)
(Vorhang.)

WEIHNACHTSEINKÄUFE

Anatol. Gabriele.

Weihnachtsabend 6 Uhr. Leichter Schneefall. In den Straßen
Wiens.

A n a t o l. Gnädige Frau, gnädige Frau ...!

G a b r i e l e. Wie? ... Ah, Sie sind's!

A n a t o l. Ja! ... Ich verfolge Sie! – Ich kann das nicht
mit ansehen, wie Sie all diese Dinge schleppen! – Geben
Sie mir doch Ihre Pakete!

G a b r i e l e. Nein, nein, ich danke! – Ich trage das schon
selber!

A n a t o l. Aber ich bitte Sie, gnädige Frau, machen Sie
mir's doch nicht gar so schwer, wenn ich einmal galant
sein will –

G a b r i e l e. Na – das eine da ...

A n a t o l. Aber das ist ja gar nichts ... Geben Sie nur ...
So ... das ... und das ...

G a b r i e l e. Genug, genug – Sie sind zu liebenswürdig!

A n a t o l. Wenn man's nur einmal sein darf – das tut ja
so wohl!

G a b r i e l e. Das beweisen Sie aber nur auf der Straße und
– wenn's schneit.

A n a t o l. ... Und wenn es spät abends – und wenn es
zufällig Weihnachten ist – wie?

G a b r i e l e. Es ist ja das reine Wunder, daß man Sie einmal zu Gesicht bekommt!

A n a t o l. Ja, ja ... Sie meinen, daß ich heuer noch nicht
einmal meinen Besuch bei Ihnen gemacht habe –

G a b r i e l e. Ja, so etwas Ähnliches meine ich!

A n a t o l. Gnädige Frau – ich mache heuer gar keine Be-
suche – gar keine! Und – wie geht's denn dem Herrn
Gemahl? – Und was machen die lieben Kleinen? –

G a b r i e l e. Diese Frage können Sie sich schenken! – Ich
weiß ja, daß Sie das alles sehr wenig interessiert!

A n a t o l. Es ist unheimlich, wenn man auf so eine Menschenkennerin trifft!

G a b r i e l e. *Sie* – kenne ich!

A n a t o l. Nicht so gut, als ich es wünschte!

G a b r i e l e. Lassen Sie Ihre Bemerkungen! Ja –?

A n a t o l. Gnädige Frau – das kann ich nicht!

G a b r i e l e. Geben Sie mir meine Päckchen wieder!

A n a t o l. Nicht bös sein – nicht bös sein!! – Ich bin
schon wieder brav . . . *(Sie gehen schweigend nebeneinander her.)*

G a b r i e l e. Irgend etwas dürfen Sie schon reden!

A n a t o l. Irgend etwas – ja – aber Ihre Zensur ist so
strenge . . .

G a b r i e l e. Erzählen Sie mir doch was. Wir haben uns
ja schon so lange nicht gesehen . . . Was machen Sie denn
eigentlich? –

A n a t o l. Ich mache nichts, wie gewöhnlich!

G a b r i e l e. Nichts?

A n a t o l. Gar nichts!

G a b r i e l e. Es ist wirklich schad um Sie!

A n a t o l. Na . . . Ihnen ist das sehr gleichgültig!

G a b r i e l e. Wie können Sie das behaupten? –

A n a t o l. Warum verbummle ich mein Leben? – Wer ist
schuld? – Wer?!

G a b r i e l e. Geben Sie mir die Pakete! –

A n a t o l. Ich habe ja niemandem die Schuld gegeben . . .
Ich fragte nur so ins Blaue . . .

G a b r i e l e. Sie gehen wohl immerfort spazieren?

A n a t o l. Spazieren! Da legen Sie so einen verächtlichen
Ton hinein! Als wenn es was Schöneres gäbe! – Es liegt
so was herrlich Planloses in dem Wort! – Heut paßt es
übrigens gar nicht auf mich – heut bin ich beschäftigt,
gnädige Frau – genau so wie Sie! –

G a b r i e l e. Wieso?!

A n a t o l. Ich mache auch Weihnachtseinkäufe! –

G a b r i e l e. Sie!?

A n a t o l. Ich finde nur nichts Rechtes! – Dabei stehe ich
seit Wochen jeden Abend vor allen Auslagefenstern in

allen Straßen! – Aber die Kaufleute haben keinen Geschmack und keinen Erfindungsgeist.

G a b r i e l e. Den muß eben der Käufer haben! Wenn man so wenig zu tun hat wie Sie, denkt man nach, erfindet selbst – und bestellt seine Geschenke schon im Herbst. –

A n a t o l. Ach, dazu bin ich nicht der Mensch! – Weiß man denn überhaupt im Herbst, wem man zu Weihnachten etwas schenken wird? – Und jetzt ist's wieder zwei Stunden vor Christbaum – und ich habe noch keine Ahnung, keine Ahnung –!

G a b r i e l e. Soll ich Ihnen helfen?

A n a t o l. Gnädige Frau ... Sie sind ein Engel – aber nehmen Sie mir die Päckchen nicht weg ...

G a b r i e l e. Nein, nein ...

A n a t o l. Also Engel! darf man sagen – das ist schön – Engel! –

G a b r i e l e. Wollen Sie gefälligst schweigen?

A n a t o l. Ich bin schon wieder ganz ruhig!

G a b r i e l e. Also – geben Sie mir irgendeinen Anhaltspunkt ... Für wen soll Ihr Geschenk gehören?

A n a t o l. ... Das ist ... eigentlich schwer zu sagen ...

G a b r i e l e. Für eine Dame natürlich?!

A n a t o l. Na, ja – daß Sie eine Menschenkennerin sind, hab ich Ihnen heut schon einmal gesagt!

G a b r i e l e. Aber was ... für eine Dame? – Eine wirkliche Dame?!

A n a t o l. ... Da müssen wir uns erst über den Begriff einigen! Wenn Sie meinen, eine Dame der großen Welt – – da stimmt es nicht vollkommen ...

G a b r i e l e. Also ... der kleinen Welt? ...

A n a t o l. Gut – sagen wir der kleinen Welt. –

G a b r i e l e. Das hätt' ich mir eigentlich denken können ...!

A n a t o l. Nur nicht sarkastisch werden!

G a b r i e l e. Ich kenne ja Ihren Geschmack ... Wird wohl wieder irgendwas vor der Linie sein – dünn und blond!

A n a t o l. Blond – gebe ich zu ...!

G a b r i e l e. ... Ja, ja ... blond ... es ist merkwürdig, daß Sie immer mit solchen Vorstadtdamen zu tun haben – aber immer!

A n a t o l. Gnädige Frau – *meine* Schuld ist es nicht.

G a b r i e l e. Lassen Sie das – mein Herr! – Oh, es ist auch ganz gut, daß Sie bei Ihrem Genre bleiben ... es wäre ein großes Unrecht, wenn Sie die Stätte Ihrer Triumphe verließen ...

A n a t o l. Aber was soll ich denn tun – man liebt mich nur da draußen ...

G a b r i e l e. Versteht man Sie denn ... da draußen?

A n a t o l. Keine Idee! – Aber, sehen Sie ... in der kleinen Welt werd ich nur geliebt; in der großen – nur verstanden – Sie wissen ja ...

G a b r i e l e. Ich weiß gar nichts ... und will weiter nichts wissen! – Kommen Sie ... hier ist gerade das richtige Geschäft ... da wollen wir Ihrer Kleinen was kaufen ...

A n a t o l. Gnädige Frau! –

G a b r i e l e. Nun ja ... sehen Sie einmal ... da ... so eine kleine Schatulle mit drei verschiedenen Parfüms ... oder diese hier mit den sechs Seifen ... Patschuli ... Chypre ... Jockey-Club – das müßte doch was sein – nicht?!

A n a t o l. Gnädige Frau – *schön* ist das nicht von Ihnen!

G a b r i e l e. Oder warten Sie, hier ...! – Sehen Sie doch ... Diese kleine Brosche mit sechs falschen Brillanten – denken Sie – sechs! – Wie das nur glitzert! – Oder dieses reizende, kleine Armband mit den himmlischen Berloques ... ach – eins stellt gar einen veritablen Mohrenkopf vor! – Das muß doch riesig wirken ... in der Vorstadt! ...

A n a t o l. Gnädige Frau – Sie irren sich! Sie kennen diese Mädchen nicht – die sind anders, als Sie sich vorstellen ...

G a b r i e l e. Und da ... ach, wie reizend! – Kommen Sie doch näher – nun – was sagen Sie zu dem Hut!? – Die Form war vor zwei Jahren höchst modern! Und die Federn – wie die wallen – nicht!? Das müßte ein kolossales Aufsehen machen – in Hernals?!

A n a t o l. Gnädige Frau ... von Hernals war nie die Rede ... und übrigens unterschätzen Sie wahrscheinlich auch den Hernalser Geschmack ...

G a b r i e l e. Ja ... es ist wirklich schwer mit Ihnen – so kommen Sie mir doch zu Hilfe – geben Sie mir eine Andeutung –

A n a t o l. Wie soll ich das ...?! Sie würden ja doch überlegen lächeln – jedenfalls!

G a b r i e l e. O nein, o nein! – Belehren Sie mich nur ...!
Ist sie eitel – oder bescheiden? – Ist sie groß oder klein?
– Schwärmt sie für bunte Farben ...?

A n a t o l. Ich hätte Ihre Freundlichkeit nicht annehmen
sollen! – Sie spotten nur!

G a b r i e l e. O nein, ich höre schon zu! – Erzählen Sie
mir doch was von ihr!

A n a t o l. Ich wage es nicht –

G a b r i e l e. Wagen Sie's nur! ... Seit wann ...?

A n a t o l. Lassen wir das!

G a b r i e l e. Ich bestehe darauf! – Seit wann kennen Sie
sie?

A n a t o l. Seit – längerer Zeit!

G a b r i e l e. Lassen Sie sich doch nicht in dieser Weise
ausfragen ...! Erzählen Sie mir einmal die ganze Geschichte ...!

A n a t o l. Es ist gar keine Geschichte!

G a b r i e l e. Aber, wo Sie sie kennengelernt haben, und
wie und wann, und was das überhaupt für eine Person
ist – das möcht' ich wissen!

A n a t o l. Gut – aber es ist langweilig – ich mache Sie
darauf aufmerksam!

G a b r i e l e. Mich wird es schon interessieren. Ich möchte
wirklich einmal was aus dieser Welt erfahren! – Was ist
das überhaupt für eine Welt? – Ich kenne sie ja gar nicht!

A n a t o l. Sie würden sie auch gar nicht verstehen!

G a b r i e l e. Oh, mein Herr!

A n a t o l. Sie haben eine so summarische Verachtung für
alles, was nicht Ihr Kreis ist! – Sehr mit Unrecht.

G a b r i e l e. Aber ich bin ja so gelehrig! – Man erzählt
mir ja nichts aus dieser Welt! – Wie soll ich sie kennen?

A n a t o l. Aber ... Sie haben so eine unklare Empfindung,
daß – man dort Ihnen etwas wegnimmt. Stille Feind-
schaft!

G a b r i e l e. Ich bitte – mir nimmt man nichts weg –
wenn ich etwas behalten will.

A n a t o l. Ja ... aber, wenn Sie selber irgendwas nicht
wollen ... es ärgert Sie doch, wenn's ein anderer kriegt? –

G a b r i e l e. Oh –!

A n a t o l. Gnädige Frau ... Das ist nur echt weiblich! Und da es echt weiblich ist – ist es ja wahrscheinlich auch höchst vornehm und schön und tief ...!

G a b r i e l e. Wo Sie nur die Ironie herhaben!!

A n a t o l. Wo ich sie herhabe? – Ich will es Ihnen sagen. Auch ich war einmal gut – und voll Vertrauen – und es gab keinen Hohn in meinen Worten ... Und ich habe manche Wunde still ertragen –

G a b r i e l e. Nur nicht romantisch werden!

A n a t o l. Die ehrlichen Wunden – ja! – Ein »Nein« zur rechten Zeit, selbst von den geliebtesten Lippen – ich konnte es verwinden. – Aber ein »Nein«, wenn die Augen hundertmal »Vielleicht« gesagt – wenn die Lippen hundertmal »Mag sein!« gelächelt – wenn der Ton der Stimme hundertmal nach »Gewiß« geklungen – so ein »Nein« macht einen –

G a b r i e l e. Wir wollen ja was kaufen!

A n a t o l. So ein Nein macht einen zum Narren ... oder zum Spötter!

G a b r i e l e. ... Sie wollten mir ja ... erzählen –

A n a t o l. Gut – wenn Sie durchaus etwas erzählt haben wollen ...

G a b r i e l e. Gewiß will ich es! ... Wie lernten Sie sie kennen ...?

A n a t o l. Gott – wie man eben jemand kennenlernt! – Auf der Straße – beim Tanz – in einem Omnibus – unter einem Regenschirm –

G a b r i e l e. Aber – Sie wissen ja – der spezielle Fall interessiert mich. Wir wollen ja dem speziellen Fall etwas kaufen!

A n a t o l. Dort in der ... »kleinen Welt« gibt's ja keine speziellen Fälle – eigentlich auch in der großen nicht ... Ihr seid ja alle so typisch!

G a b r i e l e. Mein Herr! Nun fangen Sie an –

A n a t o l. Es ist ja nichts Beleidigendes – durchaus nicht! – Ich bin ja auch ein Typus!

G a b r i e l e. Und was für einer denn?

A n a t o l. ... Leichtsinniger Melancholiker!

G a b r i e l e. ... Und ... und ich?

A n a t o l. Sie? – ganz einfach: Mondaine!

G a b r i e l e. So...!... Und *sie*!?

A n a t o l. Sie...? Sie..., das süße Mädl!

G a b r i e l e. Süß? Gleich »süß«? – Und ich – die »Mondaine« schlechtweg –

A n a t o l. Böse Mondaine – wenn Sie durchaus wollen ...

G a b r i e l e. Also... erzählen Sie mir endlich von dem ... süßen Mädl!

A n a t o l. Sie ist nicht faszinierend schön – sie ist nicht besonders elegant – und sie ist durchaus nicht geistreich ...

G a b r i e l e. Ich will ja nicht wissen, was sie *nicht* ist –

A n a t o l. Aber sie hat die weiche Anmut eines Frühlingsabends ... und die Grazie einer verzauberten Prinzessin ... und den Geist eines Mädchens, das zu lieben weiß!

G a b r i e l e. Diese Art von Geist soll ja sehr verbreitet sein ... in Ihrer kleinen Welt! ...

A n a t o l. Sie können sich da nicht hineindenken! ... Man hat Ihnen zu viel verschwiegen, als Sie junges Mädchen waren – und hat Ihnen zu viel gesagt, seit Sie junge Frau sind! ... Darunter leidet die Naivität Ihrer Betrachtungen –

G a b r i e l e. Aber Sie hören doch – ich will mich belehren lassen ... Ich glaube Ihnen ja schon die »verzauberte Prinzessin«! – Erzählen Sie mir nur, wie der Zaubergarten ausschaut, in dem sie ruht –

A n a t o l. Da dürfen Sie sich freilich nicht einen glänzenden Salon vorstellen, wo die schweren Portieren niederfallen – mit Makartbuketts in den Ecken, Bibelots, Leuchttürmen, mattem Samt ... und dem affektierten Halbdunkel eines sterbenden Nachmittags.

G a b r i e l e. Ich will ja nicht wissen, was ich mir *nicht* vorstellen soll ...

A n a t o l. Also – denken Sie sich – ein kleines dämmeriges Zimmer – *so* klein – mit gemalten Wänden – und noch dazu etwas zu licht – ein paar alte, schlechte Kupferstiche mit verblaßten Aufschriften hängen da und dort. – Eine Hängelampe mit einem Schirm. – Vom Fenster aus, wenn es Abend wird, die Aussicht auf die im Dunkel

versinkenden Dächer und Rauchfänge!... Und – wenn
der Frühling kommt, da wird der Garten gegenüber blühn
und duften ...

G a b r i e l e. Wie glücklich müssen Sie sein, daß Sie schon
zu Weihnachten an den Mai denken!

A n a t o l. Ja – *dort* bin ich auch zuweilen glücklich!

G a b r i e l e. Genug, genug! – Es wird spät – wir wollten ihr was kaufen!... Vielleicht etwas für das Zimmer
mit den gemalten Wänden ...

A n a t o l. Es fehlt nichts darin!

G a b r i e l e. Ja... ihr! – das glaub ich wohl! – Aber
ich möchte Ihnen – ja Ihnen! das Zimmer so recht nach
Ihrer Weise schmücken!

A n a t o l. Mir? –

G a b r i e l e. Mit persischen Teppichen ...

A n a t o l. Aber ich bitte Sie – da hinaus!

G a b r i e l e. Mit einer Ampel von gebrochenem, rot-grü-
nem Glas ...?

A n a t o l. Hm!

G a b r i e l e. Ein paar Vasen mit frischen Blumen?

A n a t o l. Ja... aber ich will ja *ihr* was bringen –

G a b r i e l e. Ach ja... es ist wahr – wir müssen uns entscheiden – sie wartet wohl schon auf Sie?

A n a t o l. Gewiß!

G a b r i e l e. Sie wartet? – Sagen Sie ... wie empfängt sie
Sie denn? –

A n a t o l. Ach – wie man eben empfängt. –

G a b r i e l e. Sie hört Ihre Schritte schon auf der Treppe ...
nicht wahr?

A n a t o l. Ja... zuweilen ...

G a b r i e l e. Und steht bei der Türe?

A n a t o l. Ja!

G a b r i e l e. Und fällt Ihnen um den Hals – und küßt
Sie – und sagt ... Was sagt sie denn ...?

A n a t o l. Was man eben in solchen Fällen sagt ...

G a b r i e l e. Nun ... zum Beispiel!

A n a t o l. Ich weiß kein Beispiel!

G a b r i e l e. Was sagte sie gestern?

A n a t o l. Ach – nichts Besonderes ... das klingt so ein-
fältig, wenn man nicht den Ton der Stimme dazu hört ...!

G a b r i e l e. Ich will ihn mir schon dazu denken: Nun –
was sagte sie?

A n a t o l. ... »Ich bin so froh, daß ich dich wieder hab!«

G a b r i e l e. »Ich bin so froh« – wie?!

A n a t o l. »Daß ich dich wieder hab!« ...

G a b r i e l e. ... Das ist eigentlich hübsch – sehr hübsch! –

A n a t o l. Ja ... es ist herzlich und wahr!

G a b r i e l e. Und sie ist ... immer allein? – Ihr könnt euch
so ungestört sehen!? –

A n a t o l. Nun ja – sie lebt so für sich – sie steht ganz
allein – keinen Vater, keine Mutter ... nicht einmal eine
Tante!

G a b r i e l e. Und Sie ... sind ihr alles ...?

A n a t o l. ... Möglich! ... Heute ... *(Schweigen.)*

G a b r i e l e. ... Es wird so spät – sehen Sie, wie leer es
schon in den Straßen ist ...

A n a t o l. Oh – ich hielt Sie auf! – Sie müssen ja nach
Hause. –

G a b r i e l e. Freilich – freilich! Man wird mich schon erwarten! – Wie machen wir das nur mit dem Geschenk ...?

A n a t o l. Oh – ich finde schon noch irgendeine Kleinig-
keit ...!

G a b r i e l e. Wer weiß, wer weiß! – Und ich habe mir
schon einmal in den Kopf gesetzt, daß ich Ihrer ... daß
ich dem ... Mädl – was aussuchen will ...!

A n a t o l. Aber, ich bitte Sie, gnädige Frau!

G a b r i e l e. ... Ich möchte am liebsten dabei sein, wenn
Sie ihr das Weihnachtsgeschenk bringen! ... Ich habe eine
solche Lust bekommen, das kleine Zimmer und das süße
Mädl zu sehen! – Die weiß ja gar nicht, wie gut sie's hat!

A n a t o l. ...!

G a b r i e l e. Nun aber, geben Sie mir die Päckchen! – Es
wird so spät ...

A n a t o l. Ja, ja! Hier sind sie – aber ...

G a b r i e l e. Bitte – winken Sie dem Wagen dort, der uns
entgegenkommt ...

A n a t o l. Diese Eile, mit einem Mal?!

G a b r i e l e. Bitte, bitte! *(Er winkt.)*

G a b r i e l e. Ich danke Ihnen ...! Aber was machen wir
nun mit dem Geschenk ...?

(Der Wagen hat gehalten; er und sie sind stehen geblieben,
er will die Wagentüre öffnen.)

G a b r i e l e. Warten Sie! – ... Ich möchte ihr selbst was
schicken!

A n a t o l. Sie ...?! Gnädige Frau, Sie selbst ...

G a b r i e l e. Was nur?! – Hier ... nehmen Sie ... diese
Blumen ... ganz einfach, diese Blumen ...! Es soll nichts
anderes sein als ein Gruß, gar nichts weiter ... Aber ...
Sie müssen ihr was dazu ausrichten. –

A n a t o l. Gnädige Frau – Sie sind so lieb –

G a b r i e l e. Versprechen Sie mir, ihr's zu bestellen ...
und mit den Worten, die ich Ihnen mitgeben will –

A n a t o l. Gewiß.

G a b r i e l e. Versprechen Sie's mir? –

A n a t o l. Ja ... mit Vergnügen! Warum denn nicht!

G a b r i e l e *(hat die Wagentür geöffnet).* So sagen Sie
ihr ...

A n a t o l. Nun ...?

G a b r i e l e. Sagen Sie ihr: »Diese Blumen, mein ... süßes
Mädl, schickt dir eine Frau, die vielleicht ebenso lieben
kann wie du und die den Mut dazu nicht hatte ...«

A n a t o l. Gnädige ... Frau!? – –

(Sie ist in den Wagen gestiegen – – – Der Wagen rollt fort,
die Straßen sind fast menschenleer geworden. – Er schaut
dem Wagen lange nach, bis er um eine Ecke gebogen ist ...
Er bleibt noch eine Weile stehen; dann sieht er auf die Uhr
und eilt rasch fort.)

(Vorhang.)

EPISODE

Anatol. Max. Bianca.

Maxens Zimmer, im ganzen dunkel gehalten, dunkelrote Ta-
peten, dunkelrote Portieren. Im Hintergrunde, Mitte, eine
Tür. Eine zweite links vom Zuschauer. In der Mitte des Zim-
mers ein großer Schreibtisch; eine Lampe mit einem Schirm
steht darauf; Bücher und Schriften liegen auf demselben.

Rechts vorn ein hohes Fenster. Im Winkel rechts ein Kamin,
in welchem ein Feuer lodert. Davor zwei niedere Lehnsessel.
Zwanglos daneben gerückt ein dunkelroter Ofenschirm.

M a x *(sitzt vor dem Schreibtisch und liest, seine Zigarre
rauchend, einen Brief).* »Mein lieber Max! Ich bin wieder
da. Unsere Gesellschaft bleibt drei Monate hier, wie Sie
wohl in der Zeitung gelesen haben. Der erste Abend ge-
hört der Freundschaft. Heute abend bin ich bei Ihnen.
Bibi...« Bibi... also Bianca... Nun, ich werde sie er-
warten. *(Es klopft.)* Sollte sie es schon sein ...? Herein!
A n a t o l *(tritt ein, ein großes Paket unter dem Arm tra-
gend, düster).* Guten Abend!
M a x. Ah – was bringst du?
A n a t o l. Ich suche ein Asyl für meine Vergangenheit.
M a x. Wie soll ich das verstehen?
A n a t o l *(hält ihm das Paket entgegen).*
M a x. Nun?
A n a t o l. Hier bringe ich dir meine Vergangenheit, mein
ganzes Jugendleben: Nimm es bei dir auf.
M a x. Mit Vergnügen. Aber du wirst dich doch näher er-
klären?
A n a t o l. Darf ich mich setzen?
M a x. Gewiß. Warum bist du übrigens so feierlich?
A n a t o l *(hat sich niedergesetzt).* Darf ich mir eine Zigarre
anzünden?
M a x. Da! Nimm, sie sind von der heurigen Ernte.
A n a t o l *(zündet sich eine der angebotenen Zigarren an).*
Ah – ausgezeichnet!
M a x *(auf das Paket deutend, welches Anatol auf den
Schreibtisch gelegt hat).* Und ...?
A n a t o l. Dieses Jugendleben hat in meinem Haus kein
Quartier mehr! Ich verlasse die Stadt.
M a x. Ah!
A n a t o l. Ich beginne ein neues Leben auf unbestimmte
Zeit. Dazu muß ich frei und allein sein, und darum löse
ich mich von der Vergangenheit los.
M a x. Du hast also eine neue Geliebte.
A n a t o l. Nein – ich habe nur vorläufig die alte nicht
mehr ... *(rasch abbrechend und auf das Paket deutend)* –

bei dir, mein lieber Freund, darf ich all diesen Tand ruhen lassen.

M a x. Tand, sagst du –! Warum verbrennst du ihn nicht?

A n a t o l. Ich kann nicht.

M a x. Das ist kindisch.

A n a t o l. O nein: Das ist so meine Art von Treue. Keine von allen, die ich liebte, kann ich vergessen. Wenn ich so in diesen Blättern, Blumen, Locken wühle – du mußt mir gestatten, manchmal zu dir zu kommen, nur um zu wühlen – dann bin ich wieder bei ihnen, dann leben sie wieder, und ich bete sie aufs neue an.

M a x. Du willst dir also in meiner Behausung ein Stelldichein mit alten Geliebten geben . . .?

A n a t o l *(kaum auf ihn hörend).* Ich habe manchmal so eine Idee . . . Wenn es irgendein Machtwort gäbe, daß alle wieder erscheinen müßten! Wenn ich sie hervorzaubern könnte aus dem Nichts!

M a x. Dieses Nichts wäre etwas verschiedenartig.

A n a t o l. Ja, ja . . . denke dir, ich spräche es aus, dieses Wort . . .

M a x. Vielleicht findest du ein wirksames . . . zum Beispiel: Einzig Geliebte!

A n a t o l. Ich rufe also: Einzig Geliebte . . .! Und nun kommen sie; die eine aus irgendeinem kleinen Häuschen aus der Vorstadt, die andere aus dem prunkenden Salon ihres Herrn Gemahls – eine aus der Garderobe ihres Theaters –

M a x. Mehrere!

A n a t o l. Mehrere – gut . . . Eine aus dem Modistengeschäft –

M a x. Eine aus den Armen eines neuen Geliebten –

A n a t o l. Eine aus dem Grabe . . . Eine von da – eine von dort – und nun sind sie alle da . . .

M a x. Sprich das Wort lieber nicht aus. Diese Versammlung könnte ungemütlich werden. Denn sie haben vielleicht alle aufgehört, dich zu lieben – aber keine, eifersüchtig zu sein.

A n a t o l. Sehr weise . . . Ruhet also in Frieden.

M a x. Nun heißt es aber einen Platz für dieses stattliche Päckchen zu finden.

A n a t o l. Du wirst es verteilen müssen. *(Reißt das Paket auf; es liegen zierliche, durch Bänder zusammengehaltene Päckchen zutage.)*

M a x. Ah!

A n a t o l. Es ist alles hübsch geordnet.

M a x. Nach Namen?

A n a t o l. O nein. Jedes Päckchen trägt irgendeine Aufschrift: Einen Vers, ein Wort, eine Bemerkung, die mir das ganze Erlebnis in die Erinnerung zurückrufen. Niemands Namen – denn Marie oder Anna könnte schließlich jede heißen.

M a x. Laß lesen.

A n a t o l. Werde ich euch alle wieder kennen? Manches liegt jahrelang da, ohne daß ich es wieder angesehen habe.

M a x *(eines der Päckchen in die Hand nehmend, die Aufschrift lesend)*.

> »Du reizend Schöne, Holde, Wilde,
> Laß mich umschlingen deinen Leib;
> Ich küsse deinen Hals, Mathilde,
> Du wundersames süßes Weib!«

... Das ist ja doch ein Name –? Mathilde!

A n a t o l. Ja, Mathilde. – Sie hieß aber anders. Immerhin habe ich ihren Hals geküßt.

M a x. Wer war sie?

A n a t o l. Frage das nicht. Sie hat in meinen Armen gelegen, das genügt.

M a x. Also fort mit der Mathilde. – Übrigens ein sehr schmales Päckchen.

A n a t o l. Ja, es ist nur eine Locke darin.

M a x. Gar keine Briefe?

A n a t o l. Oh – von der! Das hätte ihr die riesigste Mühe gemacht. Wo kämen wir aber hin, wenn uns alle Weiber Briefe schrieben! Also weg mit der Mathilde.

M a x *(wie oben)*. »In einer Beziehung sind alle Weiber gleich: Sie werden impertinent, wenn man sie auf einer Lüge ertappt.«

A n a t o l. Ja, das ist wahr!

M a x. Wer war die? Ein gewichtiges Päckchen!

A n a t o l. Lauter acht Seiten lange Lügen! Weg damit.

M a x. Und impertinent war sie auch?

A n a t o l. Als ich ihr drauf kam. Weg mit ihr.

M a x. Weg mit der impertinenten Lügnerin.

A n a t o l. Keine Beschimpfungen. Sie lag in meinen Armen;
– sie ist heilig.

M a x. Das ist wenigstens ein guter Grund. Also weiter.
(Wie oben.)
    »Um mir die böse Laune wegzufächeln,
    Denk ich an deinen Bräutigam, mein Kind.
    Ja dann, mein süßer Schatz, dann muß ich lächeln,
    Weil's Dinge gibt, die gar zu lustig sind.«

A n a t o l *(lächelnd)*. Ach ja, das war *sie.*

M a x. Ah – was ist denn drin?

A n a t o l. Eine Photographie. Sie mit dem Bräutigam.

M a x. Kanntest du ihn?

A n a t o l. Natürlich, sonst hätte ich ja nicht lächeln können. Er war ein Dummkopf.

M a x *(ernst)*. Er ist in ihren Armen gelegen; er ist heilig.

A n a t o l. Genug.

M a x. Weg mit dem lustigen süßen Kind samt lächerlichem
Bräutigam. *(Ein neues Päckchen nehmend.)* Was ist das?
Nur ein Wort?

A n a t o l. Welches denn?

M a x. »Ohrfeige.«

A n a t o l. Oh, ich erinnere mich schon.

M a x. Das war wohl der Schluß?

A n a t o l. O nein, der Anfang.

M a x. Ach so! Und hier ... »Es ist leichter, die Richtung
einer Flamme zu verändern, als sie zu entzünden.« – Was
bedeutet das?

A n a t o l. Nun, ich habe die Richtung der Flamme verändert: Entzündet hat sie ein anderer.

M a x. Fort mit der Flamme ... »Immer hat sie ihr Brenneisen mit.« *(Sieht Anatol fragend an.)*

A n a t o l. Nun ja; sie hatte eben immer ihr Brenneisen mit
– für alle Fälle. Aber sie war sehr hübsch. Übrigens hab
ich nur ein Stück Schleier von ihr.

M a x. Ja, es fühlt sich so an ... *(Weiterlesend.)* »Wie hab
ich dich verloren?« ... Nun, wie hast du sie verloren?

A n a t o l. Das weiß ich eben nicht. Sie war fort – plötzlich

aus meinem Leben. Ich versichere dir, das kommt manchmal vor. Es ist, wie wenn man irgendwo einen Regenschirm stehen läßt und sich erst viele Tage später erinnert ... Man weiß dann nicht mehr wann und wo.

M a x. Ade Verlorene. (*Wie oben.*)
     »Warst ein süßes, liebes Ding –«

A n a t o l (*träumerisch fortfahrend*).
     »Mädel mit den zerstochenen Fingern.«

M a x. Das war Cora – nicht?

A n a t o l. Ja – du hast sie ja gekannt.

M a x. Weißt du, was aus ihr geworden ist?

A n a t o l. Ich habe sie später wieder getroffen – als Gattin
     eines Tischlermeisters.

M a x. Wahrhaftig!

A n a t o l. Ja, so enden diese Mädel mit den zerstochenen
     Fingern. In der Stadt werden sie geliebt und in der Vor-
     stadt geheiratet ... 's war ein Schatz!

M a x. Fahr wohl –! Und was ist das? ... »Episode« – da
     ist ja nichts darin? ... Staub!

A n a t o l (*das Kuvert in die Hand nehmend*). Staub –?
     Das war einmal eine Blume!

M a x. Was bedeutet das: Episode?

A n a t o l. Ach nichts; so ein zufälliger Gedanke. Es war
     nur eine Episode, ein Roman von zwei Stunden ... nichts!
     ... Ja, Staub! – Daß von so viel Süßigkeit nichts ande-
     res zurückbleibt, ist eigentlich traurig. – Nicht?

M a x. Ja, gewiß ist das traurig ... Aber wie kamst du zu
     dem Worte? Du hättest es doch überall hinschreiben kön-
     nen?

A n a t o l. Jawohl; aber niemals kam es mir zu Bewußtsein
     wie damals. Häufig, wenn ich mit der oder jener zusam-
     men war, besonders in früherer Zeit, wo ich noch sehr
     Großes von mir dachte, da lag es mir auf den Lippen: Du
     armes Kind – du armes Kind –!

M a x. Wieso?

A n a t o l. Nun, ich kam mir so vor, wie einer von den Ge-
     waltigen des Geistes. Diese Mädchen und Frauen – ich zer-
     malmte sie unter meinen ehernen Schritten, mit denen ich
     über die Erde wandelte. Weltgesetz, dachte ich – ich muß
     über euch hinweg.

M a x. Du warst der Sturmwind, der die Blüten weg-
fegte ... nicht?

A n a t o l. Ja! So brauste ich dahin. Darum dachte ich eben:
Du armes, armes Kind. Ich habe mich eigentlich getäuscht.
Ich weiß heute, daß ich nicht zu den Großen gehöre, und
was gerade so traurig ist – ich habe mich darein gefunden. Aber damals!

M a x. Nun, und die Episode?

A n a t o l. Ja, das war eben auch so ... Das war so ein
Wesen, das ich auf meinem Wege fand.

M a x. Und zermalmte.

A n a t o l. Du, wenn ich mir's überlege, so scheint mir: Die
habe ich wirklich zermalmt.

M a x. Ah!

A n a t o l. Ja, höre nur. Es ist eigentlich das Schönste von
allem, was ich erlebt habe ... Ich kann es dir gar nicht erzählen.

M a x. Warum?

A n a t o l. Weil die Geschichte so gewöhnlich ist als nur
möglich ... Es ist ... nichts. Du kannst das Schöne gar
nicht herausempfinden. Das Geheimnis der ganzen Sache
ist, daß ich's erlebt habe.

M a x. Nun –?

A n a t o l. Also da sitze ich vor meinem Klavier ... In dem
kleinen Zimmer war es, das ich damals bewohnte ...
Abend ... Ich kenne sie seit zwei Stunden ... Meine grün-
rote Ampel brennt – ich erwähne die grün-rote Ampel;
sie gehört auch dazu.

M a x. Nun?

A n a t o l. Nun! Also ich am Klavier. Sie – zu meinen
Füßen, so daß ich das Pedal nicht greifen konnte. Ihr
Kopf liegt in meinem Schoß, und ihre verwirrten Haare
funkeln grün und rot von der Ampel. Ich phantasiere auf
dem Flügel, aber nur mit der linken Hand; meine rechte
hat sie an ihre Lippen gedrückt ...

M a x. Nun?

A n a t o l. Immer mit deinem erwartungsvollen »Nun« ...
Es ist eigentlich nichts weiter ... Ich kenne sie also seit
zwei Stunden, ich weiß auch, daß ich sie nach dem heutigen Abend wahrscheinlich niemals wiedersehen werde –

das hat sie mir gesagt – und dabei fühle ich, daß ich in
diesem Augenblick wahnsinnig geliebt werde. Das hüllt
mich so ganz ein – die ganze Luft war trunken und duf-
tete von dieser Liebe ... Verstehst du mich? *(Max nickt.)* –
Und ich hatte wieder diesen törichten göttlichen Gedan-
ken: Du armes – armes Kind! Das Episodenhafte der Geschichte kam mir so deutlich zum Bewußtsein. Während
ich den warmen Hauch ihres Mundes auf meiner Hand
fühlte, erlebte ich das Ganze schon in der Erinnerung. Es
war eigentlich schon vorüber. Sie war wieder eine von
denen gewesen, über die ich hinweg mußte. Das Wort
selbst fiel mir ein, das dürre Wort: Episode. Und dabei
war ich selber irgend etwas Ewiges ... Ich wußte auch,
daß das »arme Kind« nimmer diese Stunde aus ihrem
Sinn schaffen könnte – gerade bei der wußt' ich's. Oft
fühlt man es ja: Morgen früh bin ich vergessen. Aber da
war es etwas anderes. Für diese, die da zu meinen Füßen
lag, bedeutete ich eine Welt; ich fühlte es, mit welch einer
heiligen unvergänglichen Liebe sie mich in diesem Momente umgab. Das empfindet man nämlich; ich lasse es
mir nicht nehmen. Gewiß konnte sie in diesem Augenblick
nichts anderes denken als mich – nur mich. Sie aber war
für mich jetzt schon das Gewesene, Flüchtige, die Episode.

M a x. Was war sie denn eigentlich?

A n a t o l. Was sie war –? Nun, du kanntest sie. – Wir
haben sie eines Abends in einer lustigen Gesellschaft kennengelernt, du kanntest sie sogar schon von früher her,
wie du mir damals sagtest.

M a x. Nun, wer war sie denn? Ich kenne sehr viele von früher her. Du schilderst sie ja in deinem Ampellicht wie eine
Märchengestalt.

A n a t o l. Ja – im Leben war sie das nicht. Weißt du, was sie
war –? Ich zerstöre jetzt eigentlich den ganzen Nimbus.

M a x. Sie war also –?

A n a t o l *(lächelnd)*. Sie war – vom – vom –

M a x. Vom Theater –?

A n a t o l. Nein – vom Zirkus.

M a x. Ist's möglich!

A n a t o l. Ja – Bianca war es. Ich hab es dir bis heute
nicht erzählt, daß ich sie wiedertraf – nach jenem Abend,

an dem ich mich um sie gar nicht gekümmert hatte.

M a x. Und du glaubst wirklich, daß dich Bibi geliebt hat –?

A n a t o l. Ja, gerade die! Acht oder zehn Tage nach jenem
Feste begegneten wir uns auf der Straße ... Am Morgen
darauf mußte sie mit der ganzen Gesellschaft nach Rußland.

M a x. Es war also die höchste Zeit.

A n a t o l. Ich wußt' es ja; nun ist für dich das Ganze zer-
stört. Du bist eben noch nicht auf das wahre Geheimnis
der Liebe gekommen.

M a x. Und worin löst sich für dich das Rätsel der Frau?

A n a t o l. In der Stimmung.

M a x. Ah – du brauchst das Halbdunkel, deine grün-rote
Ampel ... dein Klavierspiel.

A n a t o l. Ja, das ist's. Und das macht mir das Leben so
vielfältig und wandlungsreich, daß mir eine Farbe die
ganze Welt verändert. Was wäre für dich, für tausend
andere dieses Mädchen gewesen mit den funkelnden Haaren; was für euch diese Ampel, über die du spottest! Eine
Zirkusreiterin und ein rot-grünes Glas mit einem Licht da-
hinter! Dann ist freilich der Zauber weg; dann kann man
wohl leben, aber man wird nimmer was erleben. Ihr tappt
hinein in irgendein Abenteuer, brutal, mit offenen Augen,
aber mit verschlossenem Sinn, und es bleibt farblos für
euch! Aus meiner Seele aber, ja, aus mir heraus blitzen
tausend Lichter und Farben drüber hin, und ich kann
empfinden, wo ihr nur – genießt!

M a x. Ein wahrer Zauberborn, deine »Stimmung«. Alle,
die du liebst, tauchen darin unter und bringen dir nun
einen sonderbaren Duft von Abenteuern und Seltsamkeit
mit, an dem du dich berauschest.

A n a t o l. Nimm es so, wenn du willst.

M a x. Was nun aber deine Zirkusreiterin anbelangt, so
wirst du mir schwerlich erklären können, daß sie unter der
grün-roten Ampel dasselbe empfinden mußte wie du.

A n a t o l. Aber ich mußte empfinden, was sie in meinen
Armen fühlte!

M a x. Nun, ich habe sie ja auch gekannt, deine Bianca, und
besser als du.

A n a t o l. Besser?

M a x. Besser; weil wir einander nicht liebten. Für mich ist sie nicht die Märchengestalt; für mich ist sie eine von den tausend Gefallenen, denen die Phantasie eines Träumers neue Jungfräulichkeit borgt. Für mich ist sie nichts Besseres als hundert andere, die durch Reifen springen oder kurzgeschürzt in der letzten Quadrille stehen.

A n a t o l. So ... so ...

M a x. Und sie war nichts anderes. Nicht ich habe etwas übersehen, was an ihr war; sondern *du* sahst, was nicht an ihr war. Aus dem reichen und schönen Leben deiner Seele hast du deine phantastische Jugend und Glut in ihr nichtiges Herz hineinempfunden, und was dir entgegenglänzte, war Licht von *deinem* Lichte.

A n a t o l. Nein. Auch das ist mir ja zuweilen geschehen. Aber damals nicht. Ich will sie ja nicht besser machen, als sie war. Ich war weder der erste, noch der letzte ... ich war –

M a x. Nun, was warst du? ... Einer von vielen. Dasselbe war sie in deinen Armen wie in denen der anderen. Das Weib in seinem höchsten Augenblick!

A n a t o l. Warum hab ich dich eingeweiht? Du hast mich nicht verstanden.

M a x. O nein. Du hast mich mißverstanden. Ich wollte nur sagen, du magst den süßesten Zauber empfunden haben, während es ihr dasselbe bedeutete wie viele Male zuvor. Hatte denn für sie die Welt tausend Farben?

A n a t o l. Du kanntest sie sehr gut?

M a x. Ja; wir begegneten uns häufig in der lustigen Gesellschaft, in welche du einmal mit mir kamst.

A n a t o l. Das war alles?

M a x. Alles. Aber wir waren gute Freunde. Sie hatte Witz; wir plauderten gern miteinander.

A n a t o l. Das war alles?

M a x. Alles ...

A n a t o l. ... Und dennoch ... sie hat mich geliebt.

M a x. Wollen wir nicht weiterlesen ... *(Ein Päckchen in die Hand nehmend.)* »Wüßt' ich doch, was dein Lächeln bedeutet, du grünäugige ...«

A n a t o l. ... Weißt du übrigens, daß die ganze Gesellschaft wieder hier eingetroffen ist?

M a x. Gewiß. Sie auch.

A n a t o l. Jedenfalls.

M a x. Ganz bestimmt. Und ich werde sie sogar heute abend wiedersehen.

A n a t o l. Wie? Du? Weißt du, wo sie wohnt?

M a x. Nein. Sie hat mir geschrieben; sie kommt zu mir.

A n a t o l *(vom Sessel auffahrend)*. Wie? Und das sagst du mir erst jetzt?

M a x. Was geht es dich an? Du willst ja – »frei und allein« sein!

A n a t o l. Ach was!

M a x. Und dann ist nichts trauriger als ein aufgewärmter Zauber.

A n a t o l. Du meinst –?

M a x. Ich meine, daß du dich in acht nehmen sollst, sie wiederzusehen.

A n a t o l. Weil sie mir von neuem gefährlich werden könnte?

M a x. Nein – weil es damals so schön war. Geh nach Hause mit deiner süßen Erinnerung. Man soll nichts wiedererleben wollen.

A n a t o l. Du kannst nicht im Ernst glauben, daß ich auf ein Wiedersehen verzichten soll, das mir so leicht gemacht wird.

M a x. Sie ist klüger als du. Sie hat dir nicht geschrieben ... Vielleicht übrigens nur, weil sie dich vergessen hat.

A n a t o l. Unsinn.

M a x. Du hältst es für unmöglich?

A n a t o l. Ich lache darüber.

M a x. Nicht bei allen trinkt die Erinnerung von dem Lebenselixier Stimmung, das der deinen ihre ewige Frische verleiht.

A n a t o l. Oh – jene Stunde damals!

M a x. Nun?

A n a t o l. Es war eine von den unsterblichen Stunden.

M a x. Ich höre Schritte im Vorzimmer.

A n a t o l. Sie ist es am Ende.

M a x. Gehe, entferne dich durch mein Schlafzimmer.

A n a t o l. Daß ich ein Narr wäre.

M a x. Geh – was willst du dir denn den Zauber zerstören lassen.

A n a t o l. Ich bleibe. *(Es klopft.)*

M a x. Geh! Gehe rasch!

A n a t o l *(schüttelt den Kopf).*

M a x. So stelle dich hierher, daß sie dich wenigstens nicht
gleich sieht – hierher ... *(Er schiebt ihn zum Kamin hin,
so daß er teilweise durch den Schirm gedeckt ist.)*

A n a t o l *(sich an den Kaminsims lehnend).* Meinetwegen.
(Es klopft.)

M a x. Herein!

B i a n c a *(eintretend, lebhaft).* Guten Abend, lieber
Freund; da bin ich wieder.

M a x *(ihr die Hände entgegenstreckend).* Guten Abend,
liebe Bianca, das ist schön von Ihnen, wirklich schön!

B i a n c a. Meinen Brief haben Sie doch erhalten? Sie sind
der allererste – der einzige überhaupt.

M a x. Und Sie können sich denken, wie stolz ich bin.

B i a n c a. Und was machen die anderen? Unsere Sacher-
gesellschaft? Existiert sie noch? Werden wir wieder jeden
Abend nach der Vorstellung beisammen sein?

M a x *(ist ihr beim Ablegen behilflich).* Es gab aber Abende,
wo Sie nicht zu finden waren.

B i a n c a. Nach der Vorstellung?

M a x. Ja, wo Sie gleich nach der Vorstellung verschwanden.

B i a n c a *(lächelnd).* Ach ja ... natürlich ... Wie schön das
ist, wenn einem das so gesagt wird – ohne die geringste
Eifersucht! Man muß auch solche Freunde haben wie
Sie ...

M a x. Ja, ja, das muß man.

B i a n c a. Die einen lieben, ohne einen zu quälen!

M a x. Das ward Ihnen selten!

B i a n c a *(den Schatten Anatols gewahrend).* Sie sind ja
nicht allein.

A n a t o l *(tritt hervor, verbeugt sich).*

M a x. Ein alter Bekannter.

B i a n c a *(das Lorgnon zum Auge führend).* Ah ...

A n a t o l *(näher tretend).* Fräulein ...

M a x. Was sagen Sie zu der Überraschung, Bibi?

B i a n c a *(etwas verlegen, sucht augenscheinlich in ihren Erinnerungen).* Ah, wahrhaftig, wir kennen uns ja ...

A n a t o l. Gewiß – Bianca.

B i a n c a. Natürlich – wir kennen uns sehr gut ...

A n a t o l *(erregt mit beiden Händen ihre Rechte fassend).* Bianca ...

B i a n c a. Wo war es nur, wo wir uns trafen ... wo nur ... ach ja!

M a x. Erinnern Sie sich ...

B i a n c a. Freilich ... Nicht wahr ... es war in St. Petersburg ...?

A n a t o l *(rasch ihre Hand fahren lassend).* Es war ... nicht in Petersburg, mein Fräulein ... *(Wendet sich zum Gehen.)*

B i a n c a *(ängstlich zu Max).* Was hat er denn? ... Hab ich ihn beleidigt?

M a x. Da schleicht er davon ... *(Anatol ist durch die Tür im Hintergrunde verschwunden.)*

B i a n c a. Ja, was bedeutet denn das?

M a x. Ja, haben Sie ihn denn nicht erkannt?

B i a n c a. Erkannt ... ja, ja. Aber ich weiß nicht recht, wo und wann?

M a x. Aber, Bibi, es war Anatol!

B i a n c a. Anatol –? ... Anatol ...?

M a x. Anatol – Klavier – Ampel ... so eine rot-grüne ... hier in der Stadt – vor drei Jahren ...

B i a n c a *(sich an die Stirn greifend).* Wo hatte ich denn meine Augen? Anatol! *(Zur Tür hin.)* Ich muß ihn zurückrufen ... *(Die Tür öffnend.)* Anatol! *(Hinauslaufend, hinter der Szene, im Stiegenhaus.)* Anatol! Anatol!

M a x *(steht lächelnd da, ist ihr bis zur Tür nachgegangen).* Nun?

B i a n c a *(eintretend).* Er muß schon auf der Straße sein. Erlauben Sie! *(Rasch das Fenster öffnend.)* Da unten geht er.

M a x *(hinter ihr).* Ja, das ist er.

B i a n c a *(ruft).* Anatol!

M a x. Er hört Sie nicht mehr.

B i a n c a *(leicht auf den Boden stampfend).* Wie schade ... Sie müssen mich bei ihm entschuldigen. Ich habe ihn verletzt, den guten, lieben Menschen.

M a x. Also Sie erinnern sich doch seiner?

B i a n c a. Nun, gewiß. Aber ... er sieht irgend jemandem in Petersburg zum Verwechseln ähnlich.

M a x *(beruhigend).* Ich werde es ihm sagen.

B i a n c a. Und dann: <u>Wenn man drei Jahre an jemanden nicht denkt, und er steht plötzlich da – man kann sich doch nicht an alles erinnern.</u>

M a x. Ich werde das Fenster schließen. Eine kalte Luft kommt herein. *(Schließt das Fenster.)*

B i a n c a. Ich werde ihn doch noch sehen, während ich hier bin?

M a x. Vielleicht. Aber etwas will ich Ihnen zeigen. *(Nimmt das Kuvert vom Schreibtisch und hält es ihr hin.)*

B i a n c a. Was ist das?

M a x. Das ist die Blume, die Sie an jenem Abend – – an *jenem* Abend trugen.

B i a n c a. Er hat sie aufbewahrt?

M a x. Wie Sie sehen.

B i a n c a. <u>Er hat mich also geliebt?</u>

M a x. Heiß, unermeßlich, ewig – – <u>wie alle diese.</u> *(Deutet auf die Päckchen.)*

B i a n c a. Wie ... alle diese! ... Was heißt das? Sind das lauter Blumen?

M a x. Blumen, Briefe, Locken, Photographien. Wir waren eben daran, sie zu ordnen.

B i a n c a *(in gereiztem Tone).* In verschiedene Rubriken.

M a x. Ja, offenbar.

B i a n c a. Und in welche komme ich?

M a x. Ich glaube ... in diese! *(Wirft das Kuvert in den Kamin.)*

B i a n c a. Oh!

M a x *(für sich).* Ich räche dich, so gut ich kann, Freund Anatol ... *(Laut.)* So, und nun seien Sie nicht böse ... Setzen Sie sich zu mir her, und erzählen Sie mir etwas aus den letzten drei Jahren.

B i a n c a. Jetzt bin ich gerade aufgelegt! Wenn man so empfangen wird!

M a x. Ich bin doch Ihr Freund ... Kommen Sie, Bianca ... Erzählen Sie mir was!

B i a n c a *(läßt sich auf den Fauteuil neben dem Kamin niederziehen).* Was denn?

M a x *(sich gegenüber von ihr niederlassend).* Zum Beispiel von dem »Ähnlichen« in Petersburg.

B i a n c a. Unausstehlich sind Sie!

M a x. Also . . .

B i a n c a *(ärgerlich).* Aber was soll ich denn erzählen.

M a x. Beginnen Sie nur . . . Es war einmal . . . nun . . . Es war einmal eine große, große Stadt . . .

B i a n c a *(verdrießlich).* Da stand ein großer, großer Zirkus.

M a x. Und da war ferner eine kleine, kleine Künstlerin.

B i a n c a. Die sprang durch einen großen, großen Reif . . . *(Lacht leise.)*

M a x. Sehen Sie . . . Es geht schon! *(Der Vorhang beginnt sich sehr langsam zu senken.)* In einer Loge . . . nun . . . in einer Loge saß jeden Abend . . .

B i a n c a. In einer Loge saß jeden Abend ein schöner, schöner . . . Ach!

M a x. Nun . . . Und . . .?

(Der Vorhang ist gefallen.)

DENKSTEINE

Anatol. Emilie.

Emiliens Zimmer, mit maßvoller Eleganz ausgestattet. Abenddämmerung. Das Fenster ist offen, Aussicht auf einen Park; der Gipfel eines Baumes, kaum noch belaubt, ragt in die Fensteröffnung.

E m i l i e. . . . Ah . . . hier find ich dich –! Und vor meinem Schreibtisch . . .? Ja, was machst du denn? Du stöberst meine Laden durch? . . . Anatol!

A n a t o l. Es war mein gutes Recht – und ich *hatte* recht, wie sich soeben zeigt.

E m i l i e. Nun – was hast du gefunden –? Deine eigenen Briefe . . .!

A n a t o l. Wie? – Und das hier –?

E m i l i e. Das hier –?

A n a t o l. Diese zwei kleinen Steine . . .? Der eine ein Rubin, und dieser andere, dunkle? – Ich kenne sie beide nicht, sie stammen nicht von mir . . .!

E m i l i e. . . . Nein . . . ich hatte . . . vergessen . . .

A n a t o l. Vergessen? . . . So wohl verwahrt waren sie; da
in dem Winkel dieser untersten Lade. Gesteh es doch lieber gleich, statt zu lügen wie alle . . . So . . . du schweigst?
. . . Oh, über die wohlfeile Entrüstung . . . Es ist so leicht
zu schweigen, wenn man schuldig und vernichtet ist . . .
Nun aber will ich weitersuchen. Wo hast du deinen anderen Schmuck verborgen?

E m i l i e. Ich habe keinen anderen.

A n a t o l. Nun – *(Er beginnt die Laden aufzureißen.)*

E m i l i e. Such nicht . . . ich schwöre dir, daß ich nichts habe.

A n a t o l. Und dieses hier . . . warum dieses hier?

E m i l i e. Ich hatte unrecht . . . vielleicht . . . !

A n a t o l. Vielleicht! . . . Emilie! Wir sind an dem Vor-
abend des Tages, wo ich dich zu meinem Weibe machen
wollte. Ich glaubte wahrhaftig alles Vergangene getilgt . . .
Alles . . . Mit dir zusammen hab ich die Briefe, die Fächer,
die tausend Nichtigkeiten, die mich an die Zeit erinnerten,
in der wir uns noch nicht kannten . . . mit dir zusammen
habe ich all das in das Feuer des Kamins geworfen . . . Die
Armbänder, die Ringe, die Ohrgehänge . . . wir haben sie
verschenkt, verschleudert, sie sind über die Brücke in den
Fluß, durchs Fenster auf die Straße geflogen . . . Hier lagst
du vor mir und schwurst mir . . . »Alles ist vorbei – und
in deinen Armen erst hab ich empfunden, was Liebe
ist . . .« Ich natürlich habe dir geglaubt . . . weil wir alles
glauben, was uns die Weiber sagen, von der ersten Lüge
an, die uns beseligt . . .

E m i l i e. Soll ich dir von neuem schwören?

A n a t o l. Was hilft es? . . . Ich bin fertig . . . fertig mit
dir . . . Oh, wie gut du das gespielt hast! Fieberisch, als
ob du jeden Flecken abwaschen wolltest von deiner Vergangenheit, bist du hier vor den Flammen gestanden, als
die Blätter und Bänder und Nippes verglühten . . . Und
wie du in meinen Armen schluchztest, damals, als wir am
Ufer des Flusses lustwandelten und jenes kostbare Armband in das graue Wasser hinabwarfen, wo es alsbald ver-
sank . . . wie du da weintest, Tränen der Läuterung, der
Reue . . . Dumme Komödie! Siehst du, daß alles vergebens
war? Daß ich dir dennoch mißtraute? Und daß ich mit

Recht da herumwühlte? . . . Warum sprichst du nicht? . . .
Warum verteidigst du dich nicht? . . .

E m i l i e. Da du mich doch verlassen willst.

A n a t o l. Aber wissen will ich, was diese zwei Steine bedeuten . . . warum du gerade *diese* aufbewahrt hast?

E m i l i e. Du liebst mich nicht mehr . . .?

A n a t o l. Die Wahrheit, Emilie . . . die Wahrheit will ich
wissen!

E m i l i e. Wozu, wenn du mich nicht mehr liebst.

A n a t o l. Vielleicht steckt in der Wahrheit irgend etwas.

E m i l i e. Nun was?

A n a t o l. Was mich die Sache . . . begreifen macht . . .
Hörst du, Emilie, ich habe keine Lust, dich für eine Elende
zu halten!

E m i l i e. Du verzeihst mir?

A n a t o l. Du sollst mir sagen, was diese Steine bedeuten!

E m i l i e. Und dann willst du mir verzeihen –?

A n a t o l. Dieser Rubin, was er bedeutet, warum du ihn
aufbewahrst –

E m i l i e. – Und wirst mich ruhig anhören?

A n a t o l. . . . Ja! . . . Aber sprich endlich . . .

E m i l i e. . . . Dieser Rubin . . . er stammt aus einem Medaillon . . . er ist . . . herausgefallen . . .

A n a t o l. Von wem war dies Medaillon?

E m i l i e. Daran liegt es nicht . . . Ich hatte es nur an
einem . . . bestimmten Tage um – an einer einfachen
Kette . . . um den Hals.

A n a t o l. Von wem du es hattest –!

E m i l i e. Das ist gleichgültig . . . ich glaube, von meiner
Mutter . . . Siehst du, wenn ich nun so elend wäre, als du
glaubst, so könnte ich dir sagen: Darum, weil es von meiner Mutter stammt, hab ich es aufbewahrt – und du würdest mir glauben . . . Ich habe aber diesen Rubin aufbewahrt, weil er . . . an einem Tage aus meinem Medaillon
fiel, dessen Erinnerung . . . mir teuer ist . . .

A n a t o l. . . . Weiter!

E m i l i e. Ach, es wird mir so leicht, wenn ich dir's erzählen darf. – Sag, würdest du mich auslachen, wenn ich eifersüchtig wäre auf deine erste Liebe?

A n a t o l. Was soll das?

E m i l i e. Und doch, die Erinnerung daran ist etwas Süßes, einer von den Schmerzen, die uns zu liebkosen scheinen . . . Und dann . . . für mich ist der Tag von Bedeutung, an welchem ich das Gefühl kennenlernte, welches mich – dir verbindet. Oh, man muß lieben *gelernt* haben, um zu lieben, wie ich dich liebe! . . . Hätten wir uns beide zu einer Zeit gefunden, wo uns die Liebe etwas Neues war, wer weiß, ob wir aneinander achtlos vorübergegangen wären? . . . Oh, schüttle den Kopf nicht, Anatol; es ist so, und du selbst hast es einmal gesagt –

A n a t o l. Ich selbst –?

E m i l i e. Vielleicht ist es gut so, so sprachst du, und wir mußten beide erst reif werden für diese Höhe der Leidenschaft!

A n a t o l. Ja . . . wir haben immer irgendeinen Trost solcher Art bereit, wenn wir eine Gefallene lieben.

E m i l i e. Dieser Rubin, ich bin ganz offen mit dir, bedeutet die Erinnerung an den Tag . . .

A n a t o l. . . . So sag's . . . sag's –

E m i l i e. – Du weißt es schon . . . ja . . . Anatol . . . die Erinnerung an *jenen* Tag . . . Ach . . . ich war ein dummes Ding . . . sechzehn Jahre!

A n a t o l. Und er zwanzig – und groß und schwarz! . . .

E m i l i e *(unschuldig).* Ich weiß es nicht mehr, mein Geliebter . . . Nur an den Wald erinnere ich mich, der uns umrauschte, an den Frühlingstag, der über den Bäumen lachte . . . ach, an einen Sonnenstrahl erinnere ich mich, der zwischen dem Gesträuche hervorkam und über einen Haufen gelber Blumen glitzerte –

A n a t o l. Und du verfluchst diesen Tag nicht, der dich mir nahm, bevor ich dich kannte?

E m i l i e. Vielleicht gab er mich dir . . .! Nein, Anatol . . . wie immer es sei, ich fluche jenem Tage nicht und verschmähe auch, dir vorzulügen, daß ich es jemals tat . . . Anatol, daß ich dich liebe wie keinen je – und so wie du nie geliebt worden – du weißt es ja . . . aber wenn auch jede Stunde, die ich je erlebte, durch deinen ersten Kuß bedeutungslos geworden – jeder Mann, dem ich begegnete, aus meinem Gedächtnis schwand – kann ich deswegen die Minute vergessen, die mich zum Weibe machte?

A n a t o l. Und du gibst vor, mich zu lieben –?

E m i l i e. Ich kann mich der Gesichtszüge jenes Mannes
kaum erinnern; ich weiß nicht mehr, wie seine Augen
blickten –

A n a t o l. Aber daß du in seinen Armen die ersten Seufzer
der Liebe gelacht hast ... daß von seinem Herzen zuerst
jene Wärme in das deine überströmte, die das ahnungs-
volle Mädchen zum wissenden Weibe machte, das kannst
du ihm nicht vergessen, dankbare Seele! Und du siehst
nicht ein, daß mich dies Geständnis toll machen muß, daß
du mit einem Male diese ganze schlummernde Vergangenheit wieder aufgestört hast! ... Ja, nun weiß ich's wieder, daß du noch von anderen Küssen träumen kannst als
von den meinen, und wenn du deine Augen in meinen
Armen schließest, steht vielleicht ein anderes Bild vor
ihnen als das meine!

E m i l i e. Wie falsch du mich verstehst! ... Da hast du freilich recht, wenn du meinst, wir sollten auseinandergehen ...

A n a t o l. Nun – wie denn soll ich dich verstehen ...?

E m i l i e. Wie gut haben es doch die Frauen, die lügen können. Nein ... ihr vertragt sie nicht, die Wahrheit ...! Sag
mir nur eines noch: Warum hast du mich immer darum
angefleht? »Alles würde ich dir verzeihen, nur eine Lüge
nicht!« ... Noch hör ich es, wie du's mir sagtest ... Und
ich ... ich, die dir alles gestand, die sich vor dir so niedrig,
so elend machte, die es dir ins Angesicht schrie: »Anatol,
ich bin eine Verlorene, aber ich liebe dich ...!« Keine von
den dummen Ausflüchten, die die andern im Munde führen, kam über meine Lippen. – Nein, ich sprach es aus:
Anatol, ich habe das Wohlleben geliebt, Anatol, ich war
lüstern, heißblütig – ich habe mich verkauft, verschenkt
– ich bin deiner Liebe nicht wert ... Erinnerst du dich
auch, daß ich dir das sagte, bevor du mir das erstemal die
Hand küßtest? ... Ja, ich wollte dich fliehen, weil ich dich
liebte, und du verfolgtest mich ... du hast um meine
Liebe gebettelt ... und ich wollte dich nicht, weil ich mich
den Mann nicht zu beflecken getraute, den ich mehr, den
ich anders – ach, den ersten Mann, den ich liebte ...!
Und da hast du mich genommen, und ich war dein! ...

Wie hab ich geschauert ... gebebt ... geweint ... Und du
hast mich so hoch gehoben, hast mir alles wieder zurück-
gegeben, Stück für Stück, was sie mir genommen hatten ... ich ward in deinen wilden Armen, was ich nie gewesen: rein ... und glücklich ... du warst so groß ... du
konntest verzeihen ... Und jetzt ...

Anatol. ... Und jetzt ...?

Emilie. Und jetzt jagst du mich eben wieder davon, weil
ich doch nur bin wie die andern –

Anatol. Nein, ... nein, das bist du nicht.

Emilie *(mild)*. Was willst du also ... Soll ich ihn weg-
werfen ... den Rubin ...?

Anatol. Ich bin nicht groß, ach nein ... sehr, sehr klein-
lich ... wirf ihn weg, diesen Rubin ... *(Er betrachtet ihn.)*
Er ist aus dem Medaillon gefallen ... er lag im Grase –
unter den gelben Blumen ... ein Sonnenstrahl fiel darauf ... da glitzerte er hervor ... *(Langes Schweigen.)* –
Komm, Emilie, ... es dunkelt draußen, wir wollen im
Park spazierengehen ...

Emilie. Wird es nicht zu kalt sein ...?

Anatol. Ach nein, es duftet schon vom erwachenden
Frühling ...

Emilie. Wie du willst, mein Geliebter!

Anatol. Ja – und *dieses* Steinchen ...

Emilie. Ach dies ...

Anatol. Ja, dieses schwarze da – was ist's mit *dem* – was
ist's ...?

Emilie. Weißt du, was das für ein Stein ist ...?

Anatol. Nun –

Emilie *(mit einem stolzen begehrlichen Blick)*. Ein
schwarzer Diamant!

Anatol *(erhebt sich)*. Ah!

Emilie *(immer den Blick auf den Stein geheftet)*. Selten!

Anatol *(mit unterdrückter Wut)*. Warum ... hm ... warum hast du den ... aufbewahrt?

Emilie *(nur immer den Stein ansehend)*. Den ... der ist
eine viertel Million wert! ...

Anatol *(schreit auf)*. Ah! ... *(Er wirft den Stein in den
Kamin.)*

Emilie *(schreit)*. Was tust du!! ... *(Sie bückt sich und*

nimmt die Feuerzange, mit der sie in der Glut herum-
fährt, um den Stein hervorzusuchen.)

A n a t o l *(sieht sie, während sie mit glühenden Wangen*
vor dem Kaminfeuer kniet, ein paar Sekunden an, dann
ruhig). Dirne! *(Er geht.)*

(Vorhang.)

ABSCHIEDSSOUPER

Anatol. Max. Annie. Ein Kellner.

Ein Cabinet particulier bei Sacher. Anatol, bei der Türe
stehend, erteilt eben dem Kellner Befehle. Max lehnt in
einem Fauteuil.

M a x. Na – bist du nicht bald fertig –?

A n a t o l. ... Gleich, gleich! – Also alles verstanden? –
(Kellner ab.)

M a x *(wie Anatol in die Mitte des Zimmers zurückkommt).*
Und – wenn sie gar nicht kommt!?

A n a t o l. Warum denn »gar nicht!« – Jetzt – jetzt ist's
zehn Uhr! – Sie kann ja überhaupt noch gar nicht da sein!

M a x. Das Ballett ist schon lange aus!

A n a t o l. Ich bitte dich – bis sie sich abschminkt – und
umkleidet! – Ich will übrigens hinüber – sie erwarten!

M a x. Verwöhne sie nicht!

A n a t o l. Verwöhnen?! – Wenn du wüßtest ...

M a x. Ich weiß, ich weiß, du behandelst sie brutal ... Als
wenn das nicht auch eine Art von Verwöhnen wäre.

A n a t o l. Ich wollte was ganz anderes sagen! – Ja ...
wenn du wüßtest ...

M a x. So sag's endlich einmal ...

A n a t o l. Mir ist sehr feierlich zumute!

M a x. Du willst dich am Ende mit ihr verloben –?

A n a t o l. O nein – viel feierlicher!

M a x. Du heiratest sie morgen? –

A n a t o l. Nein, wie du äußerlich bist! – Als wenn es keine
Feierlichkeiten der Seele gäbe, die mit all diesem Tand,

der uns von dem Draußen kommt, gar nichts zu tun haben.

M a x. Also – du hast einen bisher ungekannten Winkel deiner Gefühlswelt entdeckt – wie? Als wenn sie davon etwas verstände!

A n a t o l. Du rätst ungeschickt... Ich feiere ganz einfach... das Ende!

M a x. Ah!

A n a t o l. Abschiedssouper!

M a x. Na... und was soll ich dabei –?

A n a t o l. Du sollst unserer Liebe die Augen zudrücken.

M a x. Ich bitte dich, mach keine geschmacklosen Vergleiche!

A n a t o l. Ich verschiebe dieses Souper schon seit acht Tagen –

M a x. Da wirst du heute wenigstens guten Appetit haben...

A n a t o l. ...Das heißt... wir soupierten jeden Abend miteinander... in diesen acht Tagen – aber – ich fand das Wort nicht, das rechte! Ich wagte es nicht... du hast keine Ahnung, wie nervös das macht!

M a x. Wozu brauchst du mich eigentlich?! Soll ich dir das Wort soufflieren –

A n a t o l. Du sollst für alle Fälle da sein – du sollst mir beistehen, wenn es notwendig ist – du sollst mildern – beruhigen – begreiflich machen.

M a x. Möchtest du mir nicht zuerst mitteilen, warum das alles geschehen soll –?

A n a t o l. Mit Vergnügen... Weil sie mich langweilt!

M a x. So amüsiert dich also eine andere –?

A n a t o l. Ja...!

M a x. So... so...!

A n a t o l. Und was für eine andere!

M a x. Typus?!

A n a t o l. Gar keiner!... Etwas Neues – etwas Einziges!

M a x. Nun ja... Auf den Typus kommt man ja immer erst gegen Schluß...

A n a t o l. Stelle dir ein Mädchen vor – wie soll ich sagen ... Dreivierteltakt –

M a x. Scheinst doch noch unter dem Einfluß des Balletts zu stehen!

A n a t o l. Ja ... ich kann dir nun einmal nicht helfen ...
sie erinnert mich so an einen getragenen Wiener Walzer –
sentimentale Heiterkeit ... lächelnde schalkhafte Weh-
mut ... das ist so ihr Wesen ... Ein kleines, süßes, blon-
des Köpferl, weißt du ... so ... na, es ist schwer zu schil-
dern! ... Es wird einem warm und zufrieden bei ihr ...
Wenn ich ihr ein Veilchenbukett bringe, steht ihr eine
Träne im Augenwinkel ...

M a x. Versuch's einmal mit einem Bracelet!

A n a t o l. ... O mein Lieber – das geht in dem Fall nicht –
du irrst dich – glaub mir ... Mit der möcht' ich auch *hier*
nicht soupieren ... Für die ist das Vorstadtbeisel, das ge-
mütliche – mit den geschmacklosen Tapeten und den kleinen Beamten am Nebentisch! – Ich war die letzten Abende
immer in solchen Lokalen mit ihr!

M a x. Wie? – Du sagtest doch eben, daß du mit Annie –

A n a t o l. Ja, so ist's auch. Ich mußte die letzte Woche
jeden Abend zweimal soupieren: Mit der einen, die ich gewinnen – und mit der andern, die ich loswerden wollte ... Es ist mir leider noch keines von beiden gelungen ...

M a x. Weißt du was? – Führe einmal die Annie in so ein
Vorstadtbeisel – und die Neue mit dem blonden Köpferl
zum Sacher ... dann wird's vielleicht gehen!

A n a t o l. Dein Verständnis für die Sache leidet darunter,
daß du die Neue noch nicht kennst. Die ist die Anspruchslosigkeit selbst! – Oh, ich sage dir – ein Mädel – du solltest sehen, wenn ich eine etwas bessere Sorte Wein bestellen will ... was die treibt!

M a x. Träne im Augenwinkel – wie?

A n a t o l. Sie gibt es nicht zu – unter gar keiner Bedingung; unter gar keiner Bedingung! ...

M a x. Also du trinkst Markersdorfer in der letzten Zeit –?

A n a t o l. Ja ... vor Zehn – dann natürlich Champagner
... So ist das Leben!

M a x. Na ... entschuldige ... das Leben ist nicht so!

A n a t o l. Denke dir nur, der Kontrast! Ich hab ihn jetzt
aber zur Genüge ausgekostet! – das ist wieder einer jener
Fälle, wo ich fühle, daß ich im Grunde eine enorm ehr-
liche Natur bin –

M a x. So! ... Ah!

A n a t o l. Ich kann dieses Doppelspiel nicht länger durch-
führen ... Ich verliere alle Selbstachtung ...!

M a x. Du! – Ich bin's, ich, ich ... mir mußt du ja keine
Komödie vorspielen!

A n a t o l. Warum – nachdem du eben da bist ... Aber im
Ernst ... ich kann nicht Liebe heucheln, wo ich nichts mehr
empfinde!

M a x. Du heuchelst nur dort, wo du noch etwas empfindest ...

A n a t o l. Ich habe es Annie aufrichtig gesagt, gleich –
gleich, ganz zu Anfang ... wie wir uns ewige Liebe
schwuren: Weißt du, liebe Annie – wer von uns eines
schönen Tages spürt, daß es zu Ende geht – sagt es dem
andern rund heraus ...

M a x. Ah, das habt ihr in dem Augenblick ausgemacht, wo
ihr euch ewige Liebe schwurt ... sehr gut!

A n a t o l. Ich habe ihr das öfter wiederholt: – Wir haben
nicht die geringsten Verpflichtungen gegeneinander, wir
sind frei! Wir gehen ruhig auseinander, wenn unsere Zeit
um ist – nur keinen Betrug – das verabscheue ich! ...

M a x. Na, da wird's ja eigentlich sehr leicht gehen – heute!

A n a t o l. Leicht! ... Jetzt, wo ich es sagen soll, trau ich
mich nicht ... Es wird ihr ja doch weh tun ... Ich kann
das Weinen nicht vertragen. – Ich verlieb mich am Ende
von neuem in sie, wenn sie weint – und da betrüg ich
dann wieder die andere!

M a x. Nein, nein – nur keinen Betrug – das verabscheue
ich!

A n a t o l. Wenn du da bist, wird sich das alles viel unge-
zwungener machen! ... Von dir geht ein Hauch von kal-
ter, gesunder Heiterkeit aus, in der die Sentimentalität
des Abschiedes erstarren muß! ... Vor dir weint man
nicht! ...

M a x. Na, ich bin da für jeden Fall – das ist aber alles,
was ich für dich tun kann ... Ihr zureden? – Nein, nein
... das nicht – es wäre gegen meine Überzeugung ... du
bist ein zu lieber Mensch ...

A n a t o l. Schau, lieber Max – bis zu einem gewissen Grade
könntest du das doch vielleicht auch ... Du könntest ihr
sagen, daß sie an mir doch nicht so besonders viel verliert.

M a x. Na – das ginge noch –

A n a t o l. Daß sie hundert andere findet – die schöner – reicher –

M a x. Klüger –

A n a t o l. Nein, nein – bitte – keine Übertreibungen –

(Der Kellner öffnet die Tür. Annie tritt ein, im Regenmantel, den sie umgeworfen hat, weißer Boa; die gelben Handschuhe trägt sie in der Hand, breiten auffallenden Hut nachlässig aufgestülpt.)

A n n i e. Oh – guten Abend!

A n a t o l. Guten Abend, Annie! . . . Entschuldige –

A n n i e. Auf dich kann man sich verlassen! *(Sie wirft den Regenmantel ab.)* – Ich schaue mich nach allen Seiten um – rechts – links – niemand da –

A n a t o l. – Du hast ja glücklicherweise nicht weit herüber!

A n n i e. Man hält sein Wort! – Guten Abend, Max! – *(Zu Anatol.)* Na – auftragen lassen hättest du unterdessen schon können . . .

A n a t o l *(umarmt sie)*. Du hast kein Mieder?

A n n i e. Na – soll ich vielleicht *grande toilette* machen – für dich? – Entschuldige –

A n a t o l. Mir kann's ja recht sein – du mußt Max um Entschuldigung bitten!

A n n i e. Warum denn? – den geniert's sicher nicht – der ist nicht eifersüchtig! . . . Also . . . also . . . essen – *(Der Kellner klopft.)* Herein! – Heut klopft er – Sonst fällt ihm das nicht ein! *(Der Kellner tritt ein.)*

A n a t o l. Servieren Sie! – *(Kellner ab.)*

A n n i e. Du warst heut nicht drin –?

A n a t o l. Nein – ich mußte –

A n n i e. Du hast nicht viel versäumt! – Es war heut alles so schläfrig . . .

M a x. Was war denn für eine Oper vorher?

A n n i e. Ich weiß nicht . . . *(Man setzt sich zu Tische.)* . . . Ich kam in meine Garderobe – dann auf die Bühne – gekümmert hab ich mich um nichts . . . um nichts! . . . Im übrigen hab ich dir was zu sagen, Anatol!

A n a t o l. So, mein liebes Kind? – Was sehr Wichtiges –?

A n n i e. Ja, ziemlich! . . . Es wird dich vielleicht überraschen . . . *(Der Kellner trägt auf.)*

A n a t o l. Da bin ich wirklich sehr neugierig! ... Auch ich ...

A n n i e. Na ... warte nur ... für den da ist das nichts –

A n a t o l *(zum Kellner).* Gehen Sie ... wir werden klingeln! *(Kellner ab.)* ... Na, also ...

A n n i e. – Ja ... mein lieber Anatol ... es wird dich überraschen ... Warum übrigens! Es wird dich gar nicht überraschen – es darf dich nicht einmal überraschen ...

M a x. Gage-Erhöhung?

A n a t o l. Unterbrich sie doch nicht ...!

A n n i e. Nicht wahr – lieber Anatol ... Du sag, sind das Ostender oder Whitestable?

A n a t o l. Jetzt redet sie wieder von den Austern! Ostender sind es!

A n n i e. Ich dachte es ... Ach, ich schwärme für Austern ... Das ist doch eigentlich das einzige, was man täglich essen kann!

M a x. Kann?! – Sollte! Muß!!

A n n i e. Nicht wahr! Ich sag's ja!

A n a t o l. Du willst mir ja was sehr Wichtiges mitteilen –?

A n n i e. Ja ... wichtig ist es allerdings – sogar sehr! – Erinnerst du dich an eine gewisse Bemerkung?

A n a t o l. Welche – welche? – Ich kann doch nicht wissen, welche Bemerkung du meinst!

M a x. Da hat er recht!

A n n i e. Nun, ich meine die folgende ... Warte ... wie war sie nur – Annie, sagtest du ... wir wollen uns nie betrügen –

A n a t o l. Ja ... ja ... nun!

A n n i e. Nie betrügen! ... Lieber gleich die ganze Wahrheit sagen ...

A n a t o l. Ja ... ich meinte ...

A n n i e. Wenn es aber zu spät ist? –

A n a t o l. Was sagst du?

A n n i e. Oh – es ist nicht zu spät! – Ich sag's dir zur rechten Zeit – knapp zur rechten Zeit ... Morgen wäre es vielleicht schon zu spät!

A n a t o l. Bist du toll, Annie?!

M a x. Wie?

A n n i e. Anatol, du mußt deine Austern weiter essen...
sonst red ich nichts... gar nichts!

A n a t o l. Was heißt das? – »Du mußt« –!

A n n i e. Essen!!

A n a t o l. Du sollst reden... ich vertrage diese Art von
Späßen nicht!

A n n i e. Nun – es war ja abgemacht, daß wir's uns ganz
ruhig sagen sollten – wenn es einmal dazu kommt...
Und nun kommt es eben dazu –

A n a t o l. Das heißt?

A n n i e. Das heißt: Daß ich heut leider das letztemal mit
dir soupiere!

A n a t o l. Du wirst wohl die Güte haben, dich – näher zu
erklären!

A n n i e. Es ist aus zwischen uns – es muß aus sein...

A n a t o l. Ja... sag –

M a x. Das ist ausgezeichnet.

A n n i e. Was finden Sie daran ausgezeichnet? – Ausgezeichnet – oder nicht – es ist nun einmal so!

A n a t o l. Mein liebes Kind – ich hab noch immer nicht
recht verstanden... Du hast wohl einen Heiratsantrag erhalten...?

A n n i e. Ach wenn's das wäre! – Das wäre ja kein Grund,
dir den Abschied zu geben.

A n a t o l. Abschied zu geben!?

A n n i e. Na, es muß ja heraus. – Ich bin verliebt – Anatol – rasend verliebt!

A n a t o l. Und darf man fragen, in wen?

A n n i e. ... Sagen Sie, Max – was lachen Sie denn eigentlich?

M a x. Es ist zu lustig!

A n a t o l. Laß ihn nur... Wir zwei haben miteinander zu
sprechen, Annie! – Eine Erklärung bist du mir wohl schuldig...

A n n i e. Nun – ich gebe sie dir ja... Ich habe mich in
einen andern verliebt – und sage es dir rund heraus –
weil das zwischen uns so ausgemacht war...

A n a t o l. Ja,... aber, zum Teufel – in wen?!

A n n i e. Ja, liebes Kind – grob darfst du nicht werden!

A n a t o l. Ich verlange... ich verlange ganz entschieden...

A n n i e. Bitte, Max – klingeln Sie – ich bin so hungrig!

A n a t o l. Das auch noch! – Appetit!! Appetit während einer solchen Unterredung!

M a x *(zu Anatol). Sie* soupiert ja heute zum *ersten* Mal!
(Kellner tritt ein.)

A n a t o l. Was wollen Sie?

K e l l n e r. Es wurde geklingelt!

M a x. Servieren Sie weiter! *(Während der Kellner abräumt.)*

A n n i e. Ja ... die Catalini geht nach Deutschland ... das ist abgemacht ...

M a x. So ... und man läßt sie ohne weiteres gehen?

A n n i e. Na ... ohne weiteres – das kann man eigentlich nicht sagen.

A n a t o l *(steht auf und geht im Zimmer hin und her).* Wo ist denn der Wein?! – Sie! ... Jean!! – Sie schlafen heute, wie es scheint!

K e l l n e r. Ich bitte sehr – der Wein ...

A n a t o l. Ich meine nicht den, der auf dem Tische steht – das können Sie sich wohl denken! – Den Champagner meine ich! – Sie wissen, daß ich ihn gleich zu Anfang der Tafel haben will! *(Kellner ab.)*

A n a t o l. ... Ich bitte endlich um Aufklärung!

A n n i e. Man soll euch Männern doch nichts glauben, gar nichts – rein gar nichts! – Wenn ich denke, wie schön du mir das auseinandergesetzt hast: Wenn wir fühlen, daß es zu Ende geht – so sagen wir es uns und scheiden in Frieden –

A n a t o l. Jetzt wirst du mir endlich einmal –

A n n i e. Das ist nun – sein Frieden!

A n a t o l. Aber, liebes Kind – du wirst doch begreifen, daß es mich interessiert – wer –

A n n i e *(schlürft langsam den Wein).* Ah ...

A n a t o l. Trink aus ... trink aus!

A n n i e. Na, du wirst wohl noch so lange –

A n a t o l. Du trinkst sonst in einem Zug –

A n n i e. Aber, lieber Anatol – ich nehme nun auch von dem Bordeaux Abschied – wer weiß, auf wie lange!

A n a t o l. Zum Kuckuck noch einmal! – Was erzählst du da für Geschichten! ...

A n n i e. Nun wird's wohl keinen Bordeaux geben . . . und keine Austern . . . Und keinen Champagner! *(Der Kellner kommt mit dem nächsten Gang.)* – Und keine Filets aux truffes! – Das ist nun alles vorbei . . .

M a x. Herrgott – haben Sie einen sentimentalen Magen! *(Da der Kellner serviert.)* – Darf ich Ihnen herausgeben? –

A n n i e. Ich danke Ihnen sehr! So . . .

A n a t o l *(zündet sich eine Zigarette an).* –

M a x. Ißt du nicht mehr?

A n a t o l. Vorläufig nicht! *(Kellner ab.)* . . . Also, jetzt möcht' ich einmal wissen, wer der Glückliche ist!

A n n i e. Und wenn ich dir schon den Namen sage – du weißt ja dann nicht mehr –

A n a t o l. Nun – was für eine Sorte Mensch ist er? – Wie hast du ihn kennengelernt? – Wie sieht er aus –?

A n n i e. Hübsch – bildhübsch! – Das ist freilich alles . . .

A n a t o l. Nun – es scheint dir ja genug zu sein . . .

A n n i e. Ja – da wird's keine Austern mehr geben . . .

A n a t o l. Das wissen wir schon . . .

A n n i e. . . . Und keinen Champagner!

A n a t o l. Aber, Donnerwetter – er wird doch noch andere Eigenschaften haben, als daß er dir keine Austern und keinen Champagner zahlen kann –

M a x. Da hat er recht – das ist ja doch eigentlich kein Beruf . . .

A n n i e. Nun, was tut's – wenn ich ihn liebe? – Ich verzichte auf alles – es ist etwas Neues – etwas, was ich noch nie erlebt habe.

M a x. Aber sehen Sie . . . ein schlechtes Essen hätte Ihnen Anatol zur Not auch bieten können! –

A n a t o l. Was ist er? – Ein Kommis? – Ein Rauchfangkehrer –? – Ein Reisender in Petroleum –

A n n i e. Ja, Kind – beleidigen lasse ich ihn nicht!

M a x. So sagen Sie doch endlich, was er ist!

A n n i e. Ein Künstler!

A n a t o l. Was für einer? – Wahrscheinlich Trapez? Das ist ja was für euch – Aus dem Zirkus – wie? Kunstreiter?

A n n i e. Hör auf zu schimpfen! – Es ist ein Kollege von mir . . .

A n a t o l. Also – eine alte Bekanntschaft? . . . Einer, mit

dem du seit Jahren täglich zusammen bist – und mit dem
du mich auch wahrscheinlich schon längere Zeit betrügst! –

A n n i e. Da hätt' ich dir nichts gesagt! – Ich habe mich
auf dein Wort verlassen – drum gesteh ich dir ja alles,
bevor es zu spät ist!

A n a t o l. Aber – verliebt bist du schon in ihn – weiß
Gott, wie lange? – Und im Geiste hast du mich längst
betrogen! –

A n n i e. Das läßt sich nicht verbieten!

A n a t o l. Du bist eine …

M a x. Anatol!!

A n a t o l. … Kenne ich ihn? –

A n n i e. Na – aufgefallen wird er dir wohl nicht sein …
er tanzt nur im Chor mit … Aber er wird avancieren –

A n a t o l. Seit wann … gefällt er dir –?

A n n i e. Seit heute abend!

A n a t o l. Lüge nicht!

A n n i e. Es ist die Wahrheit! – Heut hab … ich gefühlt,
daß es meine Bestimmung ist …

A n a t o l. Ihre Bestimmung! … Hörst du, Max – ihre Bestimmung!!

A n n i e. Ja, so was ist auch Bestimmung!

A n a t o l. Hörst du – ich will aber alles wissen – ich habe
ein Recht darauf! … In diesem Augenblicke bist du noch
meine Geliebte! … Ich will wissen, seit wann diese Dinge
schon vorgehen … wie es begonnen … wann er es gewagt –

M a x. Ja … das sollten Sie uns wirklich erzählen …

A n n i e. Das hat man nun von der Ehrlichkeit! … Wahrhaftig – ich hätte es machen sollen, wie die Fritzel mit
ihrem Baron – der weiß heut noch nichts – und dabei
hat sie schon seit drei Monaten die Bandlerei mit dem
Leutnant von den Fünferhusaren!

A n a t o l. Wird auch schon drauf kommen, der Baron!

A n n i e. Schon möglich! Du aber wärst mir nie drauf gekommen, nie! – Dazu bin ich viel zu gescheit … und du
viel zu dumm! *(Schenkt sich ein Glas Wein ein.)*

A n a t o l. Wirst du aufhören zu trinken!

A n n i e. Heut nicht! – Einen Schwips – will ich kriegen!
– Es ist sowieso der letzte …

M a x. Auf acht Tage!

A n n i e. Auf ewig! – Denn beim Karl werd ich bleiben,
weil ich ihn wirklich gern hab – weil er lustig ist, wenn
er auch kein Geld hat – weil er mich nicht sekieren wird
– weil er ein süßer, süßer – lieber Kerl ist! –

A n a t o l. Du hast dein Wort nicht gehalten! – Schon längst
bist du in ihn verliebt! – Das ist eine dumme Lüge, das
von heute abend!

A n n i e. So glaub's mir meinethalben nicht!

M a x. Na, Annie ... erzählen Sie uns doch die Geschichte
... Wissen Sie – ganz – oder gar nicht! – Wenn Sie schon
in Frieden auseinandergehen wollen – so müssen Sie ihm
das doch noch zuliebe tun, dem Anatol ...

A n a t o l. Ich erzähle dir dann auch was ...

A n n i e. Na ... angefangen hat's halt so ... *(Kellner tritt
ein.)* ...

A n a t o l. Erzähle nur – erzähle nur ... *(Setzt sich zu ihr.)*

A n n i e. Das sind vielleicht jetzt vierzehn Tage ... oder
länger, da hat er mir ein paar Rosen gegeben – beim
Ausgangstürl ... Ich hab lachen müssen! – Ganz schüchtern hat er dabei ausgeschaut –

A n a t o l. Warum hast du mir nichts davon erzählt –

A n n i e. Davon? – Na, da hätt' ich viel zu erzählen gehabt! *(Kellner ab.)*

A n a t o l. Also weiter – weiter!

A n n i e. ... Dann ist er bei den Proben immer so merkwürdig um mich herumgeschlichen – na – und das hab ich
bemerkt – und anfangs hat's mich geärgert – und dann
hat's mich g'freut –

A n a t o l. Höchst einfach ...

A n n i e. Na ... und dann haben wir gesprochen – und da
hat mir alles so gut an ihm gefallen –

A n a t o l. Worüber habt ihr denn gesprochen?

A n n i e. Alles mögliche – wie s' ihn aus der Schul' hin-
ausg'worfen haben – und wie er dann in eine Lehr' hätte
kommen sollen – na – und wie das Theaterblut in ihm
zu wurl'n ang'fangen hat ...

A n a t o l. So ... und von alledem hab ich nie etwas gehört ...

A n n i e. Na ... und dann is heraus'kommen, daß wir zwei,

wie wir Kinder waren, zwei Häuser weit voneinander g'wohnt haben – Nachbarsleut' waren wir –

A n a t o l. Ah!! Nachbarsleute! – Das ist rührend, rührend!

A n n i e. Ja … ja … *(Trinkt.)*

A n a t o l. … Weiter!

A n n i e. Was soll's denn weiter sein? – Ich hab dir ja schon alles gesagt! Es ist meine Bestimmung – und gegen meine Bestimmung … kann ich nichts tun … und … gegen … meine Bestimmung … kann … ich … nichts … tun …

A n a t o l. Vom heutigen Abend will ich was wissen –

A n n i e. Na … was denn – *(Ihr Kopf sinkt herab.)*

M a x. Sie schläft ja ein –

A n a t o l. Weck sie auf! – Stelle den Wein aus ihrer Nähe! … Ich muß wissen, was es heute abend gegeben hat – Annie – Annie!

A n n i e. Heut abend … hat er mir g'sagt – daß er – mich – gern – hat!

A n a t o l. Und du –

A n n i e. Ich hab g'sagt – daß es mich freut – und weil ich ihn nicht betrügen will – so sag ich dir: Adieu –

A n a t o l. Weil du *ihn* nicht betrügen willst!! – Also nicht meinetwegen – ? … Seinetwegen!?

A n n i e. Na, was denn! – Dich hab ich ja nimmer gern!

A n a t o l. Na, gut! – Glücklicherweise geniert mich das alles nicht mehr …!

A n n i e. So!?

A n a t o l. Auch ich bin in der angenehmen Lage – auf deine fernere Liebenswürdigkeit verzichten zu können!

A n n i e. So … so!

A n a t o l. Ja … ja! – Schon längst liebe ich dich nicht mehr! … Ich liebe eine andere!

A n n i e. Haha … haha …

A n a t o l. Längst nicht mehr! – Frag nur den Max! – Bevor du gekommen bist – hab ich's ihm erzählt!

A n n i e. … So … so …

A n a t o l. Längst nicht mehr! … Und diese andere ist tausendmal besser und schöner …

A n n i e. So … so …

A n a t o l. ... Das ist ein Mädel, für das ich tausend Weiber wie dich mit Vergnügen hergebe – verstehst du –?

A n n i e *(lacht).* ...

A n a t o l. Lache nicht! – Frage den Max –

A n n i e. Es ist doch zu komisch! – Mir das jetzt einreden zu wollen –

A n a t o l. Es ist wahr, sag ich dir – ich schwöre dir, daß es wahr ist! – Längst hab ich dich nicht mehr lieb! ... Ich hab nicht einmal an dich gedacht, während ich mit dir zusammen war – und wenn ich dich geküßt habe, so meinte ich die andere! – Die andere! – Die andere! –

A n n i e. Na – so sind wir quitt!

A n a t o l. So! – Du glaubst?

A n n i e. Ja – quitt! Das ist ja ganz schön!

A n a t o l. So? – Quitt sind wir nicht – o nein – durchaus nicht! – Das ist nämlich nicht ein und dasselbe ... was du erlebt hast ... und ich! ... Meine Geschichte ist etwas weniger – unschuldig ...

A n n i e. ... Wie? – *(Ernster werdend.)*

A n a t o l. Ja ... meine Geschichte hört sich ein wenig anders an –

A n n i e. Wieso ist deine Geschichte anders –?

A n a t o l. Nun – ich – *ich habe dich betrogen* –

A n n i e *(steht auf).* Wie? – Wie?!

A n a t o l. Betrogen hab ich dich – wie du's verdienst – Tag für Tag – Nacht für Nacht – Ich kam von ihr, wenn ich dich traf – und ging zu ihr, wenn ich dich verließ –

A n n i e. ... Infam ... Das ist ... infam!! *(Geht zum Kleiderständer, wirft Regenmantel und Boa um.)* –

A n a t o l. Man kann sich bei Euresgleichen nicht genug eilen – sonst kommt ihr einem zuvor! ... Na, zum Glück hab ich keine Illusionen ...

A n n i e. Da sieht man es wieder! – Ja!!

A n a t o l. Ja ... sieht man es, nicht wahr? Jetzt sieht man es!

A n n i e. Daß so ein Mann hundertmal rücksichtsloser ist als ein Frauenzimmer –

A n a t o l. Ja, man sieht's! – So rücksichtslos war ich ... ja!

A n n i e *(hat nun die Boa um den Hals geschlungen und*

nimmt Hut und Handschuhe in die Hand, stellt sich vor Anatol hin). – Ja ... rücksichtslos! – *Das* ... hab ich dir doch nicht gesagt! *(Will gehen.)*

A n a t o l. Wie?! *(Ihr nach.)*

M a x. So laß sie! – Du wirst sie doch nicht am Ende aufhalten! –

A n a t o l. »Das«! – hast du mir nicht gesagt? – Was!? – Daß du ... Daß du ... daß –

A n n i e *(bei der Türe).* Nie hätte ich es dir gesagt ... nie! ... So rücksichtslos kann nur ein Mann sein –

K e l l n e r *(kommt mit einer Creme).* – Oh –

A n a t o l. Gehn Sie zum Teufel mit Ihrer Creme!

A n n i e. ... Wie!? Vanillecreme!! ... So! –

A n a t o l. Du wagst es noch! –

M a x. Laß sie doch! – Sie muß ja von der Creme Abschied nehmen – für ewig –!

A n n i e. Ja ... mit Freuden! – Vom Bordeaux, vom Champagner – von den Austern – und ganz besonders von dir, Anatol –! *(Plötzlich, von der Türe weg, mit einem ordinären Lächeln, geht sie zur Zigarettenschachtel, die auf dem Trumeau steht, und stopft sich eine Handvoll Zigaretten in die Tasche.)* Nicht für mich! – Die bring ich ihm! *(Ab.)*

A n a t o l *(ihr nach, bleibt bei der Türe stehen).* ...

M a x *(ruhig).* Na ... siehst du ... es ist ganz leicht gegangen! ...

(Vorhang.)

AGONIE

Anatol. Max. Else.

Anatols Zimmer. Beginn der Abenddämmerung. Das Zimmer ist eine Weile leer, dann treten Anatol und Max ein.

M a x. So ... nun bin ich richtig noch mit dir da heraufgegangen!

A n a t o l. Bleib noch ein wenig.

M a x. Ich denke doch, daß ich dich störe?

A n a t o l. Ich bitte dich, bleibe! Ich habe gar keine Lust, allein zu sein – und wer weiß, ob sie überhaupt kommt!

M a x. Ah!

A n a t o l. Siebenmal unter zehn warte ich vergebens!

M a x. Das hielte ich nicht aus!

A n a t o l. Und manchmal muß man die Ausreden glauben – ach, sie sind sogar wahr.

M a x. Alle siebenmal?

A n a t o l. Was weiß ich denn!... Ich sage dir, es gibt nichts Entsetzlicheres, als der Liebhaber einer verheirateten Frau zu sein!

M a x. O doch... ihr Gatte wär' ich zum Beispiel weniger gern!

A n a t o l. Nun dauert das schon – wie lange nur –? – Zwei Jahre – ach was! – mehr! – Im Fasching waren es schon so viel – und das ist nun der dritte »Frühling unserer Liebe«...

M a x. Was hast du denn!

A n a t o l *(hat sich noch mit Überzieher und Stock in einen Fauteuil geworfen, der am Fenster steht).* – Ach, ich bin müde – ich bin nervös, ich weiß nicht, was ich will...

M a x. Reise ab!

A n a t o l. Warum?

M a x. Um das Ende abzukürzen!

A n a t o l. Was heißt das – das Ende!?

M a x. Ich habe dich schon manchmal so gesehen – das letzte Mal, weiß du noch, wie du dich so lange nicht entschließen konntest, einem gewissen dummen Ding den Abschied zu geben, das deine Schmerzen wahrhaftig nicht wert war.

A n a t o l. Du meinst, ich liebe sie nicht mehr ...?

M a x. Oh! Das wäre ja vortrefflich... in *dem* Stadium leidet man nicht mehr!... Jetzt machst du was viel Ärgeres durch als den Tod – das Tödliche!

A n a t o l. Du hast so eine Manier, einem angenehme Dinge zu sagen! – Aber du hast recht – es ist die Agonie!

M a x. Sich darüber aussprechen, hat gewiß etwas Tröstliches. Und wir brauchen nicht einmal Philosophie dazu! – Wir brauchen gar nicht ins große Allgemeine zu gehen; – es genügt schon, das Besondere sehr tief bis in seine verborgensten Keime zu begreifen.

A n a t o l. Ein recht mäßiges Vergnügen, das du mir da vorschlägst.

M a x. Ich meine nur so. – Aber ich habe dir's ja den ganzen Nachmittag angesehen, schon im Prater unten, wo du blaß und langweilig warst wie die Möglichkeit.

A n a t o l. Sie wollte heute hinunterfahren.

M a x. Du warst aber froh, daß uns ihr Wagen nicht begegnete, weil du gewiß jenes Lächeln nicht mehr zur Verfügung hast, mit dem du sie vor zwei Jahren begrüßtest.

A n a t o l *(steht auf)*. Wie kommt das nur! – Sag mir, wie kommt das nur –? – Also steht mir das wieder einmal bevor – dieses allmähliche, langsame, unsagbare traurige Verglimmen? – Du ahnst nicht, wie ich davor schaudere –!

M a x. Drum sage ich ja: Reise ab! – Oder habe den Mut, ihr die ganze Wahrheit zu sagen.

A n a t o l. Was denn? Und wie?

M a x. Nun, ganz einfach: Daß es aus ist.

A n a t o l. Auf diese Arten von Wahrheiten brauchen wir uns nicht viel zugute tun; das ist ja doch nur die brutale Aufrichtigkeit ermüdeter Lügner.

M a x. Natürlich! Lieber verbergt ihr es mit tausend Listen voreinander, daß ihr euch nicht mehr dieselben seid, die ihr wart, als mit einem raschen Entschluß auseinanderzugehen. Warum denn nur? –

A n a t o l. Weil wir es ja selbst nicht glauben. Weil es mitten in dieser unendlichen Ödigkeit der Agonie sonderbare täuschende Augenblicke gibt, in denen alles schöner ist als je zuvor...! Nie haben wir eine größere Sehnsucht nach Glück als in diesen letzten Tagen einer Liebe – und wenn da irgendeine Laune, irgendein Rausch, irgendein Nichts kommt, das sich als Glück verkleidet, so wollen wir nicht hinter die Maske sehen... Da kommen dann die Augenblicke, in denen man sich *schämt*, daß man alle die Süßigkeiten geendet glaubte – da bittet man einander so vieles ab, ohne es in Worten zu sagen. – Man ist so ermattet von der Angst des Sterbens – und nun ist plötzlich das Leben wieder da – heißer, glühender als je – und trügerischer als je! –

M a x. Vergiß nur eines nicht: Dieses Ende beginnt oft früher, als wir ahnen! – Es gibt manches Glück, das mit dem ersten Kuß zu sterben begann. – Weißt du nichts von den schwer Kranken, die sich für gesund halten bis zum letzten Augenblick –?

A n a t o l. Zu diesen Glücklichen gehöre ich nicht! – Das steht fest! – Ich bin stets ein Hypochonder der Liebe gewesen ... Vielleicht waren meine Gefühle nicht einmal so krank, als ich sie glaubte – um so ärger! – Mir ist manchmal, als werde die Sage vom bösen Blick an mir wahr ... Nur ist der meine nach innen gewandt, und meine besten Empfindungen siechen vor ihm hin.

M a x. Dann muß man eben den Stolz seines bösen Blickes haben.

A n a t o l. Ach nein, ich beneide ja doch die andern! Weißt du – die Glücklichen, für die jedes Stück Leben ein neuer Sieg ist! – Ich muß mir immer vornehmen, mit etwas fertig zu werden; ich mache Haltestellen – ich überlege, ich raste, ich schleppe mit –! Jene andern überwinden spielend, im Erleben selbst; ... es ist für sie ein und dasselbe.

M a x. Beneide sie nicht, Anatol – sie überwinden nicht, sie gehen nur vorbei!

A n a t o l. Ist nicht auch das ein Glück –? – Sie haben wenigstens nicht dieses seltsame Gefühl der Schuld, welches ja das Geheimnis unserer Trennungsschmerzen ist.

M a x. Welcher Schuld denn? –

A n a t o l. Hatten wir nicht die Verpflichtung, die Ewigkeit, die wir ihnen versprachen, in die paar Jahre oder Stunden hineinzulegen, in denen wir sie liebten? Und wir konnten es nie! nie! – Mit diesem Schuldbewußtsein scheiden wir von jeder – und unsere Melancholie bedeutet nichts als ein stilles Eingeständnis. Das ist eben unsere letzte Ehrlichkeit! –

M a x. Zuweilen auch unsere erste ...

A n a t o l. Und das tut alles so weh. –

M a x. Mein Lieber, für dich sind diese lang dauernden Verhältnisse überhaupt nicht gut ... Du hast eine zu feine Nase –

A n a t o l. Wie soll ich das verstehen?

M a x. Deine Gegenwart schleppt immer eine ganze schwere Last von unverarbeiteter Vergangenheit mit sich ... Und nun fangen die ersten Jahre deiner Liebe wieder einmal zu vermodern an, ohne daß deine Seele die wunderbare Kraft hätte, sie völlig auszustoßen. – Was ist nun die natürliche Folge –? – Daß auch um die gesundesten und blühendsten Stunden deines Jetzt ein Duft dieses Moders fließt – und die Atmosphäre deiner Gegenwart unrettbar vergiftet ist.

A n a t o l. Das mag wohl sein.

M a x. Und darum ist ja ewig dieser Wirrwarr von Einst und Jetzt und Später in dir; es sind stete, unklare Übergänge! Das Gewesene wird für dich keine einfache starre Tatsache, indem es sich von den Stimmungen loslöst, in denen du es erfahren – nein, die Stimmungen bleiben schwer darüber liegen, sie werden nur blässer und welker – und sterben ab.

A n a t o l. Nun ja. Und aus diesem Dunstkreis kommen die schmerzlichen Düfte, die so oft über meine besten Augenblicke ziehen. – Vor denen möchte ich mich retten.

M a x. Ich bemerke zu meinem größten Erstaunen, daß keiner davor sicher ist, einmal etwas Erstgradiges sagen zu müssen! ... So hab ich jetzt etwas auf der Zunge: Sei stark, Anatol – werde gesund!

A n a t o l. Du lachst ja selbst, während du's aussprichst! ... Es ist ja möglich, daß ich die Fähigkeit dazu hätte! – Mir fehlt aber das weit Wichtigere – das Bedürfnis! – Ich fühle, wie viel mir verlorenginge, wenn ich mich eines schönen Tages »stark« fände! ... Es gibt so viele Krankheiten und nur eine Gesundheit –! ... Man muß immer genau so gesund wie die andern – man kann aber ganz anders krank sein wie jeder andere!

M a x. Ist das nur Eitelkeit?

A n a t o l. Und wenn? – Du weißt schon wieder ganz genau, daß Eitelkeit ein Fehler ist, nicht –? ...

M a x. Ich entnehme aus alledem einfach, daß du nicht abreisen willst.

A n a t o l. Vielleicht werde ich abreisen – ja, gut! – Aber ich muß mich damit *überraschen* – es darf kein Vorsatz dabei sein, – der Vorsatz verdirbt alles! – Das ist ja das

Entsetzliche bei diesen Dingen, daß man – den Koffer packen, einen Wagen holen lassen – ihm sagen muß – zum Bahnhof!

M a x. Das besorge ich dir alles! *(Da Anatol rasch zum Fenster gegangen und hinausgesehen hat.)* – Was hast du denn? –

A n a t o l. Nichts ...

M a x. Ach ja ... ich vergaß ganz. – Ich gehe schon.

A n a t o l. ... Siehst du – in diesem Momente ist mir wieder –?

M a x. ...

A n a t o l. Als betete ich sie an!

M a x. Dafür gibt es eine sehr einfache Erklärung, die nämlich: Daß du sie wirklich anbetest – in *diesem* Augenblick!

A n a t o l. Leb wohl, also – den Wagen bestelle noch nicht!

M a x. Sei nicht gar so übermütig! – Der Triester Schnellzug geht erst in vier Stunden ab – und das Gepäck läßt sich nachschicken –

A n a t o l. Danke bestens!

M a x *(an der Türe).* Ich kann unmöglich ohne Aphorisma abgehen!

A n a t o l. Bitte?

M a x. Das Weib ist ein Rätsel!

A n a t o l. Oh!!!

M a x. Aber ausreden lassen! Das Weib ist ein Rätsel: – So sagt man! Was für ein Rätsel wären wir erst für das Weib, wenn es vernünftig genug wäre, über uns nachzudenken?

A n a t o l. Bravo, bravo!

M a x *(verbeugt sich und geht ab).*

A n a t o l *(eine Weile allein, geht im Zimmer hin und her; dann setzt er sich wieder zum Fenster, raucht eine Zigarette. Die Töne einer Geige klingen aus dem oberen Stockwerk herab – Pause – dann hört man Schritte im Korridor ... Anatol wird aufmerksam, steht auf, legt die Zigarette in einen Aschenbecher und geht der eben eintretenden, tief verschleierten Else entgegen).*

A n a t o l. Endlich! –

E l s e. Es ist schon spät ... ja, ja! *(Sie legt Hut und Schleier ab.)* – Ich konnte nicht früher – unmöglich! –

A n a t o l. Hättest du mich nicht verständigen können? – Das Warten macht mich so nervös! – Aber – du bleibst –?

E l s e. Nicht lange, Engel – mein Mann –

A n a t o l *(wendet sich verdrossen ab).*

E l s e. Schau – wie du wieder bist! – Ich kann doch nichts dafür!

A n a t o l. Nun ja – du hast ja recht! – Es ist schon einmal so – und man muß sich fügen ... Komm mein Schatz – hierher! ... *(Sie treten zum Fenster.)*

E l s e. Man könnte mich sehen! –

A n a t o l. Es ist ja dunkel – und der Vorhang hier verbirgt uns! – Es ist so ärgerlich, daß du nicht lange bleiben kannst! – Ich habe dich schon zwei Tage nicht gesehen! – Und auch das letztemal waren es nur ein paar Minuten!

E l s e. Liebst du mich denn –?

A n a t o l. Ach, du weißt es ja – du bist alles, alles für mich! ... Immer mit dir zu sein –

E l s e. Ich bin auch so gerne bei dir! –

A n a t o l. Komm ... *(Zieht sie neben sich auf den Fauteuil.)* – Deine Hand! *(Führt sie an die Lippen.)* ... Hörst du den Alten da oben spielen? – Schön – nicht wahr –?

E l s e. Mein Schatz!

A n a t o l. Ach ja – so mit dir am Comosee ... oder in Venedig –

E l s e. Da war ich auf meiner Hochzeitsreise –

A n a t o l *(mit verbissenem Ärger).* Mußtest du das jetzt sagen?

E l s e. Aber ich liebe ja nur dich! Habe nur dich geliebt! Nie einen andern – und gar meinen Mann –

A n a t o l *(die Hände faltend).* Ich bitte dich! – Kannst du dich denn nicht wenigstens sekundenlang unverheiratet denken? – Schlürfe doch den Reiz dieser Minute – denke doch, wir zwei sind allein auf der Welt ... *(Glockenschläge.)*

E l s e. Wie spät –?

A n a t o l. Else, Else – frage nicht! – Vergiß, daß es andere gibt – du bist ja bei mir!

E l s e *(zärtlich).* Hab ich nicht genug für dich vergessen? –

A n a t o l. Mein Schatz – *(ihr die Hand küssend).*

E l s e. Mein lieber Anatol –

A n a t o l *(weich).* Was denn schon wieder, Else –?

E l s e *(deutet durch eine Handbewegung und lächelnd an, daß sie gehen muß).*

A n a t o l. Du meinst?

E l s e. Ich muß fort!

A n a t o l. Du mußt?

E l s e. Ja.

A n a t o l. Mußt –? Jetzt – jetzt –? – So geh! *(Entfernt sich von ihr.)*

E l s e. Man kann mit dir nicht reden –

A n a t o l. Man kann mit mir nicht reden! *(Im Zimmer hin und her.)* – Und du begreifst nicht, daß mich dieses Leben rasend machen muß? –

E l s e. Das ist mein Dank!

A n a t o l. Dank, Dank! – Wofür Dank? – Hab ich dir nicht ebensoviel geschenkt wie du mir? – Lieb ich dich weniger als du mich? – Mache ich dich weniger glücklich als du mich? – Liebe – Wahnsinn – Schmerz –! Aber Dankbarkeit? – Wie kommt das dumme Wort her? –

E l s e. Also gar keinen – kein bißchen Dank verdiene ich von dir? – Ich, die dir alles geopfert?

A n a t o l. Geopfert? – Ich will kein Opfer – und war es eines, so hast du mich nie geliebt.

E l s e. Auch das noch? . . . Ich liebe ihn nicht – ich, die den Mann für ihn verrät – ich, ich – liebe ihn nicht!

A n a t o l. Das hab ich doch nicht gesagt!

E l s e. Oh, was hab ich getan!

A n a t o l *(vor ihr stehenbleibend).* Oh, was hab ich getan! – Diese herrliche Bemerkung hat eben noch gefehlt! – Was du getan hast? Ich will es dir sagen . . . du warst ein dummer Backfisch vor sieben Jahren – dann hast du einen Mann geheiratet, weil man eben heiraten muß. – Du hast deine Hochzeitsreise gemacht . . . du warst glücklich . . . in Venedig –

E l s e. Niemals! –

A n a t o l. Glücklich – in Venedig – am Comosee – es war jedoch auch Liebe – in gewissen Momenten wenigstens.

E l s e. Niemals!

A n a t o l. Wie? – Hat er dich nicht geküßt – nicht umarmt? – Warst du nicht sein Weib? – Dann kamt ihr zu-

rück – und es wurde dir langweilig – selbstverständlich
– denn du bist schön – elegant – und eine Frau –! Und
er ist ganz einfach ein Dummkopf! – Nun kamen die
Jahre der Koketterie ... ich nehme an, der Koketterie allein! – Geliebt hast du noch keinen vor mir, sagst du.
Nun, beweisen läßt sich das nicht – aber ich nehme es an;
weil mir das Gegenteil unangenehm wäre.

E l s e. Anatol! Koketterie! Ich! –

A n a t o l. Ja... Koketterie! Und was das heißt, kokett
sein? Lüstern und verlogen zugleich!

E l s e. Das war ich? –

A n a t o l. Ja... du! – Dann kamen die Jahre des Kamp-
fes – du schwanktest! – Soll ich niemals meinen Roman
erleben? – Du wurdest immer schöner – dein Mann immer langweiliger, dümmer und häßlicher ...! Schließlich
mußte es kommen – und du nahmst dir einen Liebhaber.
Dieser Liebhaber bin zufällig ich!

E l s e. Zufällig ... du!

A n a t o l. Ja, zufällig ich – denn, wäre ich nicht – so wäre
eben ein anderer da gewesen! – Du hast dich in deiner
Ehe unglücklich gefühlt oder nicht glücklich genug – und
wolltest geliebt sein. Du hast ein bißchen mit mir geflir-
tet, hast von der grande passion gefaselt – und eines schönen Tages, als du eine deiner Freundinnen betrachtetest,
die im Wagen an dir vorbeifuhr, oder vielleicht eine Kokette, die in einer Loge neben euch saß, da hast du dir
eben gedacht: Warum soll ich nicht auch mein Vergnügen
haben! – Und so bist du meine Geliebte geworden! – –
Das hast du getan! – Das ist alles – und ich sehe nicht
ein, warum du große Phrasen brauchst für dieses kleine
Abenteuer.

E l s e. Anatol – Anatol! – Abenteuer?! –

A n a t o l. Ja!

E l s e. Nimm zurück, was du gesagt – ich beschwöre dich! –

A n a t o l. Was hab ich denn da zurückzunehmen – was
ist's denn anderes für dich –?

E l s e. Du glaubst das wirklich –?

A n a t o l. Ja!

E l s e. Nun – so muß ich gehen!

A n a t o l. Geh – ich halte dich nicht. *(Pause.)*

E l s e. Du schickst mich weg? –

A n a t o l. Ich – schicke dich weg – Vor zwei Minuten sagtest du ja – »Ich muß fort!«

E l s e. Anatol – ich muß es ja –! Siehst du's denn nicht ein –

A n a t o l *(entschlossen).* Else!

E l s e. Was denn?

A n a t o l. Else – du liebst mich –? So sagst du –

E l s e. Ich sage es – um Himmels willen – was für Beweise verlangst du denn eigentlich von mir –?

A n a t o l. Willst du es wissen –? Gut! – Vielleicht werde ich dir glauben können, daß du mich liebst . . .

E l s e. Vielleicht? – Das sagst du heute!

A n a t o l. Du liebst mich –?

E l s e. Ich bete dich an –

A n a t o l. So – bleibe bei mir!

E l s e. Wie? –

A n a t o l. Fliehe mit mir – Ja? – mit mir – in eine andere Stadt – in eine andere Welt – ich will mit dir allein sein!

E l s e. Was fällt dir denn ein –?

A n a t o l. Was mir »einfällt« –? Das einzig Natürliche – ja! – Wie kann ich dich denn nur fortgehen lassen – zu ihm – wie habe ich es nur jemals können? – Ja – wie bringst du es denn eigentlich über dich – du! die mich »anbetet«! – Wie? Aus meinen Armen weg, von meinen Küssen versengt, kommst du in jenes Haus zurück, das dir ja fremd geworden, seit du mir gehörst? – Nein – nein – wir haben uns so darein gefunden – wir haben nicht daran gedacht, wie ungeheuerlich es ist! Es ist ja unmöglich, daß wir so weiterleben können – – Else, Else, du kommst mit mir! – Nun . . . du schweigst – Else! – Nach Sizilien . . . wohin du willst – übers Meer meinetwegen – Else!

E l s e. – Was redest du nur?

A n a t o l. Niemand mehr zwischen dir und mir – übers Meer, Else! – und wir werden allein sein –

E l s e. Übers Meer –?

A n a t o l. Wohin du willst! . . .

E l s e. Mein liebes, teures . . . Kind . . .

A n a t o l. Zögerst du –?

E l s e. Schau, Liebster – wozu brauchen wir denn das eigentlich –?

A n a t o l. Was?

E l s e. Das Wegreisen – es ist ja gar nicht nötig... Wir können uns doch auch in Wien beinahe so oft sehen, als wir wollen –

A n a t o l. Beinahe so oft, als wir wollen. – Ja ja... wir ... haben's gar nicht nötig...

E l s e. Das sind Phantastereien...

A n a t o l. ... Du hast recht... *(Pause.)*

E l s e. ... Bös –? *(Glockenschläge.)*

A n a t o l. Du mußt gehen!

E l s e. ... Um Himmels willen – so spät ist es geworden...!

A n a t o l. Nun – so geh doch...

E l s e. Auf morgen – ich werde schon um sechs Uhr bei dir sein!

A n a t o l. ... Wie du willst!

E l s e. Du küssest mich nicht –?

A n a t o l. O ja...

E l s e. Ich werde dich schon wieder gut machen... morgen! –

A n a t o l *(begleitet sie zur Tür).* Adieu!

E l s e *(bei der Türe).* Noch einen Kuß!

A n a t o l. Warum nicht – da! *(Er küßt sie; sie geht.)*

A n a t o l *(wieder zurück ins Zimmer).* Nun habe ich sie mit diesem Kuß zu dem gemacht, was sie zu sein verdient ... zu einer mehr! *(Er schüttelt sich.)* Dumm, dumm...!

(Vorhang.)

ANATOLS HOCHZEITSMORGEN

Anatol. Max. Ilona. Franz. Diener.

Geschmackvoll eingerichtetes Junggesellenzimmer: die Türe rechts führt ins Vorzimmer; die Türe links, zu deren Seiten Vorhänge herabfallen, ins Schlafgemach.

A n a t o l *(kommt im Morgenanzug auf den Zehenspitzen aus dem Zimmer links und macht die Türe leise zu. Er setzt sich auf eine Chaiselongue und drückt auf einen Knopf; es klingelt).*

F r a n z *(erscheint von rechts und geht, ohne Anatol zu bemerken, zur Türe links).*

A n a t o l *(merkt es anfangs nicht, läuft ihm dann nach und hält ihn dann zurück, die Türe zu öffnen).* Was schleichst du denn so? Ich habe dich gar nicht gehört!

F r a n z . Was befehlen Euer Gnaden?

A n a t o l . Den Samowar!

F r a n z . Jawohl. *(Ab.)*

A n a t o l . Leise, du Dummkopf! Kannst du nicht leiser auftreten? *(Geht auf den Fußspitzen zur Türe links, öffnet sie ein wenig.)* Sie schläft!... Noch immer schläft sie! *(Schließt die Türe.)*

F r a n z *(kommt mit dem Samowar).* Zwei Tassen, gnädiger Herr?

A n a t o l . Jawohl! *(Es läutet.)* ... Sieh hinaus! Wer kommt denn da in aller Frühe? *(Franz ab.)*

A n a t o l . Ich bin heute entschieden nicht in der Stimmung zum Heiraten. Ich möchte absagen.

F r a n z *(öffnet die Türe rechts, durch die Max hereintritt).*

M a x *(herzlich).* Mein lieber Freund!

A n a t o l . Pst... Stille!... Noch eine Tasse, Franz!

M a x . Es stehen ja schon zwei Tassen da!

A n a t o l . Noch eine Tasse, Franz – und hinaus. *(Franz ab.)* So... und jetzt, mein Lieber, was führt dich um acht Uhr morgens zu mir her?

M a x . Es ist zehn!

A n a t o l . Also was führt dich um zehn Uhr morgens zu mir her?

M a x . Meine Vergeßlichkeit.

A n a t o l . Leiser...

M a x . Ja warum denn eigentlich? Bist du nervös!

A n a t o l . Ja, sehr!

M a x . Du solltest aber heute nicht nervös sein.

A n a t o l . Was willst du also?

M a x . Du weißt, ich bin heute Zeuge bei deiner Hochzeit; deine reizende Cousine Alma ist meine Dame!

A n a t o l *(tonlos)*. Zur Sache.

M a x. Nun – ich habe vergessen, das Bukett zu bestellen, und weiß in diesem Augenblick nicht, was für eine Toilette Fräulein Alma tragen wird. Wird sie weiß, rosa, blau oder grün erscheinen?

A n a t o l *(ärgerlich)*. Keinesfalls grün!

M a x. Warum keinesfalls grün?

A n a t o l. Meine Cousine trägt nie grün.

M a x *(pikiert)*. Das kann ich doch nicht wissen!

A n a t o l *(wie oben)*. Schrei nicht so! Das läßt sich alles in Ruhe abmachen.

M a x. Also du weißt gar nicht, was für eine Farbe sie heute tragen wird?

A n a t o l. Rosa oder blau!

M a x. Das sind aber ganz verschiedene Dinge.

A n a t o l. Ach, rosa oder blau, ist ganz gleichgültig!

M a x. Aber für mein Bukett ist das durchaus nicht gleichgültig!

A n a t o l. Bestelle zwei; das eine kannst du dir dann ins Knopfloch stecken.

M a x. Ich bin nicht hergekommen, um deine schlechten Witze anzuhören.

A n a t o l. Ich werde heute um zwei Uhr einen noch schlechteren machen!

M a x. Du bist recht gut aufgelegt an deinem Hochzeitsmorgen.

A n a t o l. Ich bin nervös!

M a x. Du verschweigst mir etwas.

A n a t o l. Nichts!

I l o n a s   S t i m m e *(aus dem Schlafzimmer)*. Anatol!

M a x *(sieht Anatol überrascht an)*.

A n a t o l. Entschuldige mich einen Augenblick. *(Geht zur Türe des Schlafzimmers und verschwindet einen Moment in demselben; Max sieht ihm mit weit offenen Augen nach; Anatol küßt Ilona bei der Türe, ohne daß es Max sehen kann, schließt die Türe und tritt wieder zu Max.)*

M a x *(entrüstet)*. So was tut man nicht!

A n a t o l. Höre, lieber Max, und dann urteile.

M a x. Ich höre eine weibliche Stimme und urteile: Du fängst früh an, deine Frau zu betrügen!

A n a t o l. Setze dich nieder und höre mich an, du wirst
gleich anders reden.

M a x. Niemals. Ich bin gewiß kein Tugendspiegel; aber so
was...!

A n a t o l. Du willst mich nicht anhören?

M a x. Erzähle! Aber rasch; ich bin zu deiner Trauung eingeladen. *(Beide sitzen.)*

A n a t o l *(traurig).* Ach ja!

M a x *(ungeduldig).* Also.

A n a t o l. Also... Also gestern war Polterabend bei meinen zukünftigen Schwiegereltern.

M a x. Weiß ich; war dort!

A n a t o l. Ja richtig, du warst dort. Es waren überhaupt
eine Menge Leute dort! Man war sehr aufgeräumt, trank
Champagner, sprach Toaste...

M a x. Ich auch... auf dein Glück!

A n a t o l. Ja, du auch... auf mein Glück! *(Drückt ihm
die Hand.)* Ich danke dir.

M a x. Tatest du bereits gestern.

A n a t o l. Man war also sehr lustig bis Mitternacht...

M a x. Ist mir bekannt.

A n a t o l. Einen Augenblick kam es mir vor, als wäre ich
glücklich.

M a x. Nach deinem vierten Glas Champagner.

A n a t o l *(traurig).* Nein – erst nach dem sechsten ... es
ist traurig, und ich kann es kaum begreifen.

M a x. Wir haben genug davon gesprochen.

A n a t o l. Auch jener junge Mensch war dort, von dem ich
sicher weiß, daß er die Jugendliebe meiner Braut war.

M a x. Ach, der junge Ralmen.

A n a t o l. Ja – so eine Art Dichter glaub ich. Einer von
denen, die dazu bestimmt scheinen, zwar die erste Liebe
von so mancher, doch von keiner die letzte zu bedeuten.

M a x. Ich zöge vor, du kämest zur Sache.

A n a t o l. Er war mir eigentlich ganz gleichgültig; im
Grunde lächelte ich über ihn... Um Mitternacht ging die
Gesellschaft auseinander. Ich nahm von meiner Braut mit
einem Kusse Abschied. Auch sie küßte mich... kalt...
Während ich die Stiege hinunterschritt, fröstelte mich.

M a x. Aha...

Anatol. Beim Tore gratulierte mir noch der und jener. Onkel Eduard war betrunken und umarmte mich. Ein Doktor der Rechte sang ein Studentenlied. Die Jugendliebe, der Dichter mein ich, verschwand mit aufgestecktem Kragen in einer Seitengasse. Einer neckte mich. Ich würde nun gewiß vor den Fenstern der Geliebten den Rest der Nacht spazieren wandeln. Ich lächelte höhnisch... Es hatte zu schneien begonnen. Die Leute zerstreuten sich allmählich... ich stand allein...

Max *(bedauernd)*. Hm...

Anatol *(wärmer)*. Ja, stand allein auf der Straße – in der kalten Winternacht, während der Schnee in großen Flocken um mich wirbelte. Es war gewissermaßen... schauerlich.

Max. Ich bitte dich – sage endlich, wohin du gingst?

Anatol *(groß)*. Ich mußte hingehen – – – auf die Redoute!

Max. Ah!

Anatol. Du staunst, wie –?

Max. Nun kann ich mir das Folgende denken.

Anatol. Doch nicht, mein Freund – – als ich so dastand in der kalten Winternacht –

Max. Fröstelnd...!

Anatol. Frierend! Da kam es wie ein gewaltiger Schmerz über mich, daß ich von nun an kein freier Mann mehr sein, daß ich meinem süßen, tollen Junggesellenleben Ade sagen sollte für immerdar! Die letzte Nacht, sagte ich mir, in der du nach Hause kommen kannst, ohne gefragt zu werden: Wo warst du...? Die letzte Nacht der Freiheit, des Abenteuerns... vielleicht der Liebe!

Max. Oh! –

Anatol. Und so stand ich mitten im Gewühl. Um mich herum knisterten Seiden- und Atlaskleider, glühten Augen, nickten Masken, dufteten die weißen glänzenden Schultern – atmete und tollte der ganze Karneval. Ich stürzte mich in dieses Treiben, ließ es um meine Seele brausen. Ich mußte es einsaugen, mußte mich darin baden!...

Max. Zur Sache... Wir haben keine Zeit.

Anatol. Ich werde so durch die Menge hindurch geschoben, und nachdem ich früher meinen Kopf berauscht, berausche ich nun meinen Atem mit all den Parfüms, die um mich wallen. Es strömte auf mich ein, wie nie zuvor. Mir, ja mir ganz persönlich gab der Fasching ein Abschiedsfest.

M a x. Ich warte auf den dritten Rausch ...

A n a t o l. Er kam ... der Rausch des Herzens ...!

M a x. Der Sinne!

A n a t o l. Des Herzens ...! Nun ja, der Sinne: ... Erinnerst du dich an Katharine ...?

M a x *(laut)*. Oh, an Katharine ...

A n a t o l. Pst ...

M a x *(auf die Schlafstubentür deutend)*. Ach ... ist sie es?

A n a t o l. Nein – sie ist es eben nicht. Aber sie war auch dort – und dann eine reizende brünette Frau, deren Name ich nicht nenne ... und dann die kleine blonde Lizzie vom Theodor – aber der Theodor war nicht dort – und so weiter. Ich erkannte sie alle trotz ihrer Masken – an der Stimme, am Gang, an irgendeiner Bewegung. Aber sonderbar ... Gerade eine erkannte ich nicht gleich. Ich verfolgte sie oder sie mich. Ihre Gestalt war mir so bekannt. Jedenfalls trafen wir immerfort zusammen. Beim Springbrunnen, beim Büfett, neben der Proszeniumsloge ... immerfort! Endlich hatte sie meinen Arm, und ich wußte, wer sie war! *(Auf die Schlafzimmertür deutend.)* Sie.

M a x. Eine alte Bekannte?

A n a t o l. Aber Mensch, ahnst du es denn nicht? Du weißt doch, was ich ihr vor sechs Wochen erzählt habe, als ich mich verlobte ... das alte Märchen: Ich reise ab, bald komme ich wieder, ich werde dich ewig lieben.

M a x. Ilona ...?

A n a t o l. Pst ...

M a x. Nicht Ilona ...?

A n a t o l. Ja – aber eben darum still! Du bist also wieder da, flüstert sie mir ins Ohr. Ja, erwidere ich schlagfertig. Wann gekommen? – Heute abend. – Warum nicht früher geschrieben? – Keine Postverbindung. – Wo denn? – Unwirtliches Dorf. – Aber jetzt ...? Glücklich, wieder da, treu gewesen. – Ich auch – ich auch – Seligkeit, Champagner und wieder Seligkeit. –

Max. Und wieder Champagner.

Anatol. Nein – kein Champagner mehr. – Ach, wie wir dann im Wagen nach Hause fuhren ... wie früher. Sie lehnte sich an meine Brust. Nun wollen wir uns nie wieder trennen – sagte sie ...

Max *(steht auf)*. Wach auf, mein Freund, und sieh, daß du zu Ende kommst.

Anatol. »Niemals trennen« – – – *(Aufstehend.)* Und heute um zwei Uhr heirate ich!

Max. Eine andere.

Anatol. Nun ja; man heiratet immer eine andere.

Max *(auf die Uhr schauend)*. Ich glaube, es ist die höchste Zeit. *(Bezeichnende Bewegung, Anatol möge Ilona entfernen.)*

Anatol. Ja, ja, ich will sehen, ob sie bereit ist. *(Zur Türe, bleibt davor stehen, wendet sich zu Max.)* Ist es nicht eigentlich traurig?

Max. Es ist unmoralisch.

Anatol. Ja, aber auch traurig.

Max. Geh endlich.

Anatol *(zur Türe des Nebenzimmers)*.

Ilona *(steckt den Kopf heraus, tritt, in einen eleganten Domino gehüllt, heraus)*. Es ist ja nur Max!

Max *(sich verbeugend)*. Nur Max.

Ilona *(zu Anatol)*. Und du sagst mir gar nichts. – Ich dachte, es sei ein Fremder, sonst wäre ich schon längst bei euch gewesen. Wie geht es Ihnen, Max? Was sagen Sie zu diesem Schlingel?

Max. Ja, das ist er.

Ilona. Sechs Wochen weine ich um ihn ... Er war ... wo warst du nur?

Anatol *(mit einer großen Handbewegung)*. Dort wo – –

Ilona. Hat er Ihnen auch nicht geschrieben? Aber jetzt hab ich ihn wieder. *(Seinen Arm nehmend)* ... jetzt gibt es keine Abreise mehr ... keine Trennung. Gib mir einen Kuß!

Anatol. Aber ...

Ilona. Ach, Max gilt nichts. *(Küßt Anatol.)* Aber du machst ja ein Gesicht! ... Nun werde ich euch den Tee einschenken und mir auch, wenn's erlaubt ist.

A n a t o l. Bitte...

M a x. Liebe Ilona, ich kann leider die Einladung, mit Ihnen zu frühstücken, nicht annehmen... und ich begreife auch nicht...

I l o n a *(macht sich mit dem Samowar zu schaffen)*. Was begreifen Sie nicht?

M a x. Anatol sollte eigentlich auch...

I l o n a. Was sollte Anatol –?

M a x *(zu Anatol)*. Du solltest eigentlich schon – –

I l o n a. Was sollte er?

M a x. Du solltest schon in Toilette sein!

I l o n a. Ach, seien Sie doch nicht lächerlich, Max; wir bleiben heute zu Hause; wir rühren uns nicht fort...

A n a t o l. Liebes Kind, das wird leider nicht möglich sein...

I l o n a. Oh, das wird schon möglich sein.

A n a t o l. Ich bin eingeladen...

I l o n a *(den Tee einschenkend)*. Sage ab.

M a x. Er kann nicht absagen.

A n a t o l. Ich bin zu einer Hochzeit geladen.

M a x *(macht ihm ermunternde Zeichen)*.

I l o n a. Ach, das ist ganz gleichgültig.

A n a t o l. Das ist nicht ganz gleichgültig – denn ich bin sozusagen Kranzelherr.

I l o n a. Liebt dich deine Dame?

M a x. Das ist doch eigentlich Nebensache.

I l o n a. Aber ich liebe ihn, und das ist die Hauptsache... Reden Sie nicht immer drein!

A n a t o l. Kind... ich muß fort.

M a x. Ja, er muß fort – glauben Sie ihm – er muß fort.

A n a t o l. Auf ein paar Stunden mußt du mir Urlaub geben.

I l o n a. Jetzt setzt euch gefälligst... Wieviel Stück Zukker, Max?

M a x. Drei.

I l o n a *(zu Anatol)*. Du...?

A n a t o l. Es ist wirklich die höchste Zeit.

I l o n a. Wieviel Stück?

A n a t o l. Du weißt ja... immer zwei Stück –

I l o n a. Obers, Rum?

A n a t o l. Rum – das weißt du ja auch!

I l o n a. Rum und zwei Stück Zucker, *(zu Max)* der hat Prinzipien!

M a x. Ich muß gehen!

A n a t o l *(leise)*. Du lässest mich allein?

I l o n a. Sie werden Ihren Tee austrinken, Max!

A n a t o l. Kind, ich muß mich jetzt umkleiden –!

I l o n a. Um Gottes willen – wann ist denn die unglückselige Hochzeit?

M a x. In zwei Stunden.

I l o n a. Sie sind wohl auch geladen?

M a x. Ja!

I l o n a. Auch Kranzelherr?

A n a t o l. Ja ... er auch.

I l o n a. Wer heiratet denn eigentlich?

A n a t o l. Du kennst ihn nicht.

I l o n a. Wie heißt er denn? Es wird doch kein Geheimnis sein.

A n a t o l. Es ist ein Geheimnis.

I l o n a. Wie?

A n a t o l. Die Trauung findet im Geheimen statt.

I l o n a. Mit Kranzelherren und Kranzeldamen? Das ist ja ein Unsinn!

M a x. Nur die Eltern dürfen nichts wissen.

I l o n a *(ihren Tee schlürfend)*. Kinder, ihr lügt mich an.

M a x. O ich bitte.

I l o n a. Weiß Gott, wo ihr heute geladen seid! ... Aber daraus wird nichts – Sie können natürlich hingehen, wo Sie wollen, lieber Max – der da aber bleibt.

A n a t o l. Unmöglich, unmöglich. Ich kann bei der Hochzeit meines besten Freundes nicht fehlen.

I l o n a *(zu Max)*. Soll ich ihm den Urlaub geben?

M a x. Beste, beste Ilona – Sie müssen –

I l o n a. In welcher Kirche findet denn diese Trauung statt?

A n a t o l *(unruhig)*. Warum fragst du?

I l o n a. Ich will mir die Geschichte wenigstens ansehen.

M a x. Das geht aber nicht ...

I l o n a. Warum denn?

A n a t o l. Weil diese Trauung in einer ganz ... in einer ganz unterirdischen Kapelle stattfindet.

I l o n a. Es führt doch ein Weg hin?

A n a t o l. Nein ... das heißt – ein Weg führt natürlich hin.

I l o n a. Ich möchte deine Dame sehen, Anatol. Ich bin nämlich eifersüchtig auf diese Dame. – Man kennt Geschichten von Kranzelherrn, die ihre Damen nachher geheiratet haben. Und, verstehst du, Anatol – ich will nicht, daß du heiratest.

M a x. Was würden Sie denn tun, ... wenn er heiratete?

I l o n a *(ganz ruhig)*. Ich würde die Trauung stören.

A n a t o l. – So –?

M a x. Und wie denn das?

I l o n a. Ich schwanke noch. Wahrscheinlich großer Skandal vor der Kirchentüre.

M a x. Das ist trivial.

I l o n a. Oh, ich würde schon eine neue Nuance finden.

M a x. Zum Beispiel?

I l o n a. Ich käme gleichfalls als Braut angefahren – mit einem Myrtenkranz – das wäre doch originell?

M a x. Äußerst ... *(Steht auf.)* Ich muß jetzt gehen ... Adieu, Anatol!

A n a t o l *(steht auf, entschlossen)*. Entschuldige, liebe Ilona; aber ich muß mich jetzt umkleiden – es ist die höchste Zeit.

F r a n z *(tritt ein mit einem Bukett)*. Die Blumen, gnädiger Herr.

I l o n a. Was für Blumen?

F r a n z *(sieht Ilona mit einem erstaunten und etwas vertraulichen Gesicht an)*. ... Die Blumen, gnädiger Herr.

I l o n a. Du hast noch immer den Franz! *(Franz ab.)* Du wolltest ihn doch hinauswerfen?

M a x. Das ist manchmal so schwer.

A n a t o l *(hat das in Seidenpapier eingewickelte Bukett in der Hand)*.

I l o n a. Laß sehen, was du für Geschmack hast!

M a x. Das Bukett für deine Dame?

I l o n a *(schlägt das Seidenpapier zurück)*. Das ist ja ein Brautbukett!

A n a t o l. Mein Gott, jetzt hat man mir das unrichtige Bukett geschickt ... Franz, Franz! *(Rasch ab mit dem Bukett.)*

M a x. Der arme Bräutigam wird seines erhalten.

A n a t o l *(wieder eintretend).* Er läuft schon, der Franz. –

M a x. Und jetzt müssen Sie mich entschuldigen – ich muß gehen.

A n a t o l *(ihn zur Tür begleitend).* Was soll ich tun?

M a x. Gestehen.

A n a t o l. Unmöglich.

M a x. Nun, jedenfalls komme ich wieder zurück, sobald ich kann –

A n a t o l. Bitte dich – ja!

M a x. Und meine Farbe ...

A n a t o l. Blau oder rot – – ich habe so eine Ahnung – – Leb wohl –

M a x. Adieu, Ilona! – – *(Leise.)* In einer Stunde bin ich wieder da!

A n a t o l *(ins Zimmer zurück).*

I l o n a *(stürzt in seine Arme).* Endlich! O wie glücklich ich bin. –

A n a t o l *(mechanisch).* Mein Engel!

I l o n a. Wie kalt du bist.

A n a t o l. Ich sagte doch soeben: Mein Engel.

I l o n a. Aber mußt du denn wirklich fort zu dieser dummen Hochzeit?

A n a t o l. In allem Ernst, Schatz, ich muß.

I l o n a. Weiß du, ich kann dich ja in deinem Wagen bis zur Wohnung deiner Dame begleiten ...

A n a t o l. Aber was fällt dir ein. Wir wollen uns heute abend treffen; du mußt doch heute ins Theater.

I l o n a. Ich sage ab.

A n a t o l. Nein, nein, ich werde dich abholen. – Jetzt muß ich den Frack anziehen *(sieht auf die Uhr).* Wie die Zeit vergeht, Franz, Franz!

I l o n a. Was willst du denn?

A n a t o l *(zu dem eintretenden Franz).* Haben Sie in meinem Zimmer alles vorbereitet?

F r a n z. Der gnädige Herr meinen den Frack, die weiße Krawatte –

A n a t o l. Nun ja –

F r a n z. Ich werde sofort – – *(ins Schlafzimmer).*

A n a t o l *(geht hin und her).* Du – Ilona – also heute abend – nach dem Theater – nicht –?

I l o n a. Ich möchte so gerne heute mit dir zusammen bleiben.

A n a t o l. Sei doch nicht kindisch – ich habe doch auch – Verpflichtungen, du siehst es ja ein!

I l o n a. Ich liebe dich, weiter sehe ich nichts ein.

A n a t o l. Das ist aber durchaus notwendig.

F r a n z *(aus dem Schlafzimmer kommend).* Es ist alles vorbereitet, gnädiger Herr. *(Ab.)*

A n a t o l. Gut. *(Geht ins Schlafzimmer, spricht hinter der Türe weiter, während Ilona auf der Szene bleibt.)* Ich meine, es ist durchaus notwendig, daß du das einsiehst.

I l o n a. Du kleidest dich also wirklich um?

A n a t o l. Ich kann doch nicht so zur Hochzeit gehen. –

I l o n a. Warum gehst du nur?

A n a t o l. Fängst du schon wieder an? Ich muß.

I l o n a. Also heute abend.

A n a t o l. Ja. Ich werde dich an der Bühnentüre erwarten.

I l o n a. Verspäte dich nur nicht!

A n a t o l. Nein – warum sollte ich mich denn verspäten?

I l o n a. O erinnere dich nur; einmal wartete ich eine ganze Stunde nach dem Theater.

A n a t o l. So? Ich erinnere mich nicht. *(Pause.)*

I l o n a *(geht im Zimmer umher, schaut die Decke, die Wände an).* Du, Anatol, du hast ja da ein neues Bild.

A n a t o l. Ja, gefällt es dir?

I l o n a. Ich verstehe ja nichts von Bildern.

A n a t o l. Es ist ein sehr schönes Bild.

I l o n a. Hast du das mitgebracht?

A n a t o l. Wieso? Woher?

I l o n a. Nun, von deiner Reise.

A n a t o l. Ja, richtig, von meiner Reise. Nein, übrigens, es ist ein Geschenk. *(Pause.)*

I l o n a. Du, Anatol.

A n a t o l *(nervös).* Was denn?

I l o n a. Wo warst du eigentlich?

A n a t o l. Ich habe dir's schon gesagt.

I l o n a. Nein, kein Wort.

A n a t o l. Gestern abend habe ich dir's gesagt.

I l o n a. So hab ich es wieder vergessen!

A n a t o l. In der Nähe von Böhmen war ich.

I l o n a. Was hast du denn in Böhmen zu tun gehabt?

A n a t o l. Ich war nicht in Böhmen, nur in der Nähe –

I l o n a. Ach so, du warst wohl zur Jagd geladen.

A n a t o l. Ja, Hasen habe ich geschossen.

I l o n a. Sechs Wochen lang?

A n a t o l. Ja, ununterbrochen.

I l o n a. Warum hast du mir nicht Adieu gesagt?

A n a t o l. Ich wollte dich nicht betrüben.

I l o n a. Du, Anatol, du wolltest mich sitzenlassen.

A n a t o l. Lächerlich.

I l o n a. Nun; einmal hast du es ja schon versucht.

A n a t o l. Versucht – ja; aber es ist mir nicht gelungen.

I l o n a. Wie? Was sagst du?

A n a t o l. Nun ja; ich wollte mich von dir losreißen; du weißt es doch.

I l o n a. Was für ein Unsinn; du kannst dich ja gar nicht von mir losreißen!

A n a t o l. Ha ha!

I l o n a. Was sagst du?

A n a t o l. Ha ha, habe ich gesagt.

I l o n a. Lache nur nicht, mein Schatz; du bist mir auch damals wieder zurückgekehrt.

A n a t o l. Nun ja – damals!

I l o n a. Und diesmal auch – – du liebst mich eben.

A n a t o l. Leider.

I l o n a. Wie –?

A n a t o l *(schreiend)*. Leider!

I l o n a. Du, du bist sehr couragiert, wenn du in einem anderen Zimmer bist. Ins Gesicht sagst du mir das nicht.

A n a t o l *(öffnet die Tür, steckt den Kopf heraus)*. Leider.

I l o n a *(zur Tür hin)*. Was heißt das, Anatol?

A n a t o l *(wieder hinter der Türe)*. Das heißt, daß das doch nicht ewig so weitergehen kann!

I l o n a. Wie?

A n a t o l. Es kann nicht so weitergehen, sage ich; es kann nicht ewig währen.

I l o n a. Jetzt lache ich: Ha ha.

A n a t o l. Wie?

I l o n a *(reißt die Tür auf)*. Ha ha!

A n a t o l. Zumachen! *(Die Türe wieder geschlossen.)*

I l o n a. Nein, mein Schatz, du liebst mich und kannst mich nicht verlassen.

A n a t o l. Glaubst du?

I l o n a. Ich weiß es.

A n a t o l. Du weißt es?

I l o n a. Ich fühle es.

A n a t o l. Du meinst also, daß ich in alle Ewigkeit dir zu Füßen liegen werde.

I l o n a. Du wirst nicht heiraten – das weiß ich.

A n a t o l. Du bist wohl toll, mein Kind. Ich liebe dich – das ist ja recht schön – aber für die Ewigkeit sind wir nicht verbunden.

I l o n a. Glaubst du, ich gebe dich überhaupt her?

A n a t o l. Du wirst es doch einmal tun müssen.

I l o n a. Müssen? Wann denn?

A n a t o l. Wenn ich heirate.

I l o n a *(an die Tür trommelnd)*. Und wann wird denn das sein, mein Schatz?

A n a t o l *(höhnisch)*. O bald, mein Schatz!

I l o n a *(erregter)*. Wann denn?

A n a t o l. Höre auf zu trommeln. In einem Jahre bin ich längst verheiratet.

I l o n a. Du Narr!

A n a t o l. Ich könnte übrigens auch in zwei Monaten heiraten.

I l o n a. Es wartet wohl schon eine!

A n a t o l. Ja – jetzt – in diesem Augenblicke wartet eine.

I l o n a. Also in zwei Monaten?

A n a t o l. Mir scheint, du zweifelst ...

I l o n a *(lacht)*.

A n a t o l. Lache nicht – ich heirate in acht Tagen!

I l o n a *(lacht noch heller auf)*.

A n a t o l. Lache nicht, Ilona!

I l o n a *(sinkt lachend auf den Divan)*.

A n a t o l *(bei der Tür, im Frack heraustretend)*. Lache nicht!

I l o n a *(lachend)*. Wann heiratest du?

A n a t o l. Heute.

I l o n a *(ihn ansehend)*. Wann –?

A n a t o l. Heute, mein Schatz.

I l o n a *(steht auf)*. Anatol, hör auf zu spaßen!

A n a t o l. Es ist Ernst, mein Kind, ich heirate heute.

I l o n a. Du bist verrückt, nicht?

A n a t o l. Franz!

F r a n z *(kommt)*. Gnädiger Herr –?

A n a t o l. Mein Bukett! *(Franz ab.)*

I l o n a *(steht drohend vor Anatol)*. Anatol . . .!

F r a n z *(bringt das Bukett)*.

I l o n a *(sich umwendend, stürzt mit einem Schrei auf das Bukett zu, Anatol nimmt es Franz rasch aus der Hand; Franz geht, lächelnd, langsam ab)*.

I l o n a. Ah!! – Also wirklich.

A n a t o l. Wie du siehst.

I l o n a *(will ihm das Bukett aus der Hand reißen)*.

A n a t o l. Was treibst du denn? *(Er muß sich vor ihr flüchten; sie läuft ihm rings durch das Zimmer nach.)*

I l o n a. Elender, Elender!

M a x *(tritt ein, mit einem Rosenbukett in der Hand, bleibt betroffen bei der Tür stehen)*.

A n a t o l *(hat sich auf einen Sessel geflüchtet, hält sein Bukett hoch in die Luft)*. Hilf mir, Max!

M a x *(eilt auf Ilona zu, sie zurückhaltend; sie wendet sich zu ihm, windet ihm das Bukett aus der Hand, wirft es zu Boden, zertritt es)*.

M a x. Ilona, Sie sind ja toll. Mein Bukett! Was soll ich denn tun!

I l o n a *(in heftiges Weinen ausbrechend, sinkt auf einen Stuhl)*.

A n a t o l *(verlegen, suchend, auf dem Sessel)*. Sie hat mich gereizt . . . Ja, Ilona, jetzt weinst du . . . – natürlich . . . Warum hast du mich ausgelacht . . . Sie höhnte mich – – verstehst du, Max . . . Sie sagte, . . . ich getraue mich nicht zu heiraten . . . nun . . . heirate ich begreiflicherweise – aus Opposition. *(Will vom Sessel heruntersteigen.)*

I l o n a. Du Heuchler, du ~~Betrüger~~.

A n a t o l *(steht wieder auf dem Sessel)*.

M a x *(hat sein Bukett aufgehoben)*. Mein Bukett!

I l o n a. Ich habe das seine gemeint. Sie verdienen es aber auch nicht besser. – Sie sind mitschuldig.

A n a t o l *(immer auf dem Sessel)*. Jetzt sei vernünftig.

I l o n a. Ja – das sagt ihr immer, wenn ihr eine toll gemacht habt! Aber nun werdet ihr was sehen! Das wird eine nette Hochzeit werden! Wartet nur . . . *(Steht auf.)* Adieu unterdessen!

A n a t o l *(vom Sessel heruntergesprungen)*. Wohin –?

I l o n a. Wirst es schon sehen.

A n a t o l und M a x. Wohin?

I l o n a. Laßt mich nur!

A n a t o l und M a x *(ihr den Ausgang verstellend)*. Ilona – was wollen Sie – Ilona – was willst du –?

I l o n a. Laßt mich! . . . Laßt mich gehen.

A n a t o l. Sei gescheit – beruhige dich –!

I l o n a. Ihr laßt mich nicht hinaus – Wie . . . *(Rennt im Zimmer herum, wirft das Teegeschirr in Wut vom Tisch herunter.)*

A n a t o l und M a x *(ratlos)*.

A n a t o l. Nun frage ich dich – hat man es notwendig, zu heiraten, wenn man *so sehr* geliebt wird!

I l o n a *(sinkt gebrochen auf den Divan; sie weint. Pause.)*

A n a t o l. Nun beruhigt sie sich.

M a x. Wir müssen gehen . . . und ich ohne – Bukett. –

F r a n z *(kommt)*. Der Wagen, gnädiger Herr. *(Ab.)*

A n a t o l. Der Wagen . . . Der Wagen – was mach ich nur. *(Zu Ilona, hinter sie tretend, sie auf das Haar küssend.)* Ilona! –

M a x *(von der anderen Seite)*. Ilona – *(Sie weint still, mit dem Schnupftuche vor dem Gesicht, weiter.)* Geh du jetzt nur und verlasse dich auf mich. –

A n a t o l. Ich muß wirklich gehen – aber wie kann ich . . .

M a x. Geh . . .

A n a t o l. Wirst du sie entfernen können?

M a x. Ich werde dir während der Trauung zuraunen . . . »Alles in Ordnung«.

A n a t o l. Ich habe eine Angst –!

M a x. Geh jetzt nur.

A n a t o l. Ach . . . *(Er wendet sich zum Gehen, auf den*

Zehenspitzen wieder zurück, drückt einen leisen Kuß auf das Haar Ilonas, geht rasch.)

M a x *(setzt sich gegenüber von Ilona, die noch immer, das Taschentuch vor dem Gesicht haltend, weint. Sieht auf die Uhr).* Hm, Hm.

I l o n a *(um sich schauend, wie aus einem Traum erwachend).* Wo ist er ...

M a x *(nimmt sie bei den Händen).* Ilona ...

I l o n a *(aufstehend).* Wo ist er ...

M a x *(ihre Hände nicht loslassend).* Sie würden ihn nicht finden.

I l o n a. Ich will aber.

M a x. Sie sind doch vernünftig, Ilona, Sie wollen ja keinen Skandal ...

I l o n a. Lassen Sie mich –

M a x. Ilona!

I l o n a. Wo findet die Trauung statt?

M a x. Das ist nebensächlich.

I l o n a. Ich will hin; ich muß hin!

M a x. Sie werden es nicht tun ... Was fällt Ihnen denn ein!

I l o n a. O dieser Hohn! ... Dieser Betrug!

M a x. Es ist nicht das eine, nicht das andere – es ist eben das Leben!

I l o n a. Schweigen Sie – Sie – mit Ihren Phrasen.

M a x. Sie sind kindisch, Ilona, sonst würden Sie einsehen, daß alles vergeblich ist.

I l o n a. Vergeblich –?!

M a x. Es ist ein Unsinn ...!

I l o n a. Unsinn! –?

M a x. Sie würden sich lächerlich machen, das ist alles.

I l o n a. Wie – auch noch Beleidigungen!

M a x. Sie werden sich trösten!

I l o n a. O wie schlecht Sie mich kennen!

M a x. Ja, wenn er nach Amerika ginge.

I l o n a. Was heißt das?

M a x. Wenn er Ihnen wirklich verloren wäre!

I l o n a. Was bedeutet das?

M a x. Die Hauptsache ist – daß nicht Sie die Betrogene sind!

I l o n a. ...!

Max. Zu Ihnen kann man zurückkehren, jene kann man verlassen!

Ilona. Oh... wenn das... *(mit einem wilden, freudigen Ausdruck in der Miene).*

Max. Sie sind edel ... *(ihr die Hand drückend).*

Ilona. Rächen will ich mich ... darum freue ich mich über das, was Sie sagten.

Max. Sie sind eine von denen, »welche beißen, wenn sie lieben«.

Ilona. Ja, ich bin eine von denen.

Max. Nun kommen Sie mir ganz großartig vor. – Wie eine, die ihr ganzes Geschlecht an uns rächen möchte.

Ilona. – – Ja ... das will ich ...

Max *(aufstehend).* Ich habe eben noch Zeit, Sie in Ihre Wohnung zu führen. *(Für sich.)* Sonst geschieht doch noch ein Unglück. – *(Ihr den Arm reichend.)* Nun nehmen Sie Abschied von diesen Räumen!

Ilona. Nein, mein lieber Freund – nicht Abschied. Ich werde wiederkehren.

Max. Nun glauben Sie sich einen Dämon – und sind eigentlich doch nur ein Weib! *(Auf eine mißmutige Bewegung Ilonas.)* ... Das ist aber auch gerade genug ... *(Ihr die Türe öffnend.)* Darf ich bitten, mein Fräulein? –

Ilona *(sich noch einmal vor dem Hinausgehen umwendend, mit affektierter Großartigkeit).* Auf Wiedersehen! ... *(Ab mit Max.)*

(Vorhang.)

ANATOLS GRÖSSENWAHN

PERSONEN

Anatol
Max
Baron Diebl
Musiker Flieder
Berta
Annette

Der folgende Einakter war als Abschluß des Anatol-Zyklus gedacht,
wurde dann aber durch *Anatols Hochzeitsmorgen* ersetzt.

Die Gartenseite eines freundlichen Gasthofes, dessen Front
den größten Teil des Hintergrundes einnimmt. Eine breite
Terrasse läuft der ganzen Front des Gasthofes entlang; zu
derselben führen von der Szene, die einen Garten vorstellt,
zwei Treppen hinauf. Im Hintergrund, soweit derselbe nicht
durch das Haus gedeckt ist, eine anmutige Hügellandschaft,
die eben in Dämmerung zu versinken beginnt. – Während
die eine Seite des Hauses in die Kulisse gerückt ist, steht die
andere frei – und an dieser Seite läuft eine Pappelallee, die
direkt an dem Gitter des Gartens vorüberführt. Auf der
Terrasse stehen, ebenso wie im Garten, einzelne Tische mit
Stühlen, die alle leer sind. Anatol und Max sitzen an einem
der Tische, die auf der Terrasse stehen, Zigaretten rauchend.

A n a t o l. Erinnerst du dich noch, mein lieber Max, wie
wir das letztemal da saßen?

M a x. Das ist schon lange her, glaub ich!

A n a t o l. Ja ... Ich brauchte damals zufällig diese Deko-
ration ... mit ihrer Anspruchslosigkeit und Milde ... ich
brauchte diese Landstraße mit den trivialen Pappeln ...
diese Wiesen da drüben, mit ihrem lauen Grün ... die
nahen Hügel, die im Abendrot verschwimmen ...

M a x. Und heute?

A n a t o l. Heute lieb ich diesen Hintergrund um seiner
selbst willen –

M a x. Deine letzte Liebe?

A n a t o l. Nein ... nur eine neue Art von Liebe, die eben
jetzt an die Reihe kommt, die Liebe für die Dinge als
Dinge –

M a x. ?

A n a t o l. Für die Natur als Natur ... für die Hügel als
Hügel ... für die Zigarren als Zigarren ... für den persi-
schen Diwan als Diwan ..., während ich ja bisher an den
Dingen nur ihre Beziehungen zu den Menschen liebte.

M a x. Also mit uns Armen bist du fertig?

A n a t o l. O nein! Meine Freunde – dich ganz insbesondere – lieb ich noch immer.

M a x. Glaub doch das nicht! Ich bin immer nur für die
Stichwörter dagewesen.

A n a t o l. Wenn es so war ... das ändert sich jetzt, mein
Lieber. Ich fürchte, auch das ist ein Zeichen nahenden Al-
ters. Ich interessiere mich in der letzten Zeit auffallend
für die Meinungen anderer.

M a x. Ah!

A n a t o l. Ich kann zuhören, ich werde aufmerksam ...

M a x. Hast du mich darum nach so langer Zeit wieder auf-
gesucht?

A n a t o l. Ich hatte ein so tiefes Bedürfnis, wieder mit dir
zu reden! Mir ist, als hätte ich dir ein Testament vorzu-
plaudern!

M a x. Ach geh ... was ist das für eine neue Pose! Senti-
mentalitäten!

A n a t o l. Nein ... es ist so ernst ... das Ende, mein Lieber! Mein Herz setzt seinen letzten Willen auf!

M a x. Macht's dich melancholisch?

A n a t o l. Nein, o nein. – Ich will nicht mehr geliebt werden – ich will nicht.

M a x. Na, du würdest dich drein zu ergeben wissen.

A n a t o l. Nein ... ich will nicht meine letzte Illusion verlieren!

M a x. Welche denn?

A n a t o l. Daß die Jungen von uns nichts zu fürchten
haben! Das ist eine von denen, die ich mir mühsam erhalten habe.

M a x. Du hast sie ja nie gehabt, diese Illusion! Glaube doch
das nicht! Immer warst du ein Virtuose der Eifersucht!

A n a t o l. Mag ja wohl sein! Ich redete so ins Blaue ... es
fiel mir nur ein ...! Hast du übrigens etwas dagegen,
wenn ich das Gegenteil von dem behaupte, was ich vor
einer Minute sagte?

M a x. Oh, ich erwartete es!

A n a t o l. Zuweilen möcht' ich doch wieder geliebt werden! Daß alles aus ist, mein lieber Max, das ist ja ganz
einfach, nicht wahr –

M a x. Ist deine Sehnsucht noch immer nicht müde?

A n a t o l. Wie könnte sie's sein? Ich habe nur die Kunst
verstanden, mit einem ganz geringen Aufwand von äuße-

ren Ereignissen möglichst viel zu erleben ... und daher kommt es, daß mir zu mancher Zeit meine ganze Vergangenheit so armselig – und manchmal wieder so merkwürdig reich erscheint ...

M a x. Unsere entsetzliche Gewohnheit, immerfort Maße haben zu wollen!

A n a t o l. Ein Unrecht, du hast recht! Und auf die Erinnerung kann man sich gewiß nicht verlassen ... sie lügt, sie hat Launen ... und dann, was wissen wir eigentlich selbst von unsern Abenteuern? Wir und die Frauen – wir sind eben mit unserer Sehnsucht auf ganz verschiedenen Wegen! Ich fragte jede: Hast du keinen geliebt vor mir? – Jede fragte mich: Wirst du keine lieben nach mir? ... Wir wollen immer ihre erste Liebe bedeuten, sie immer unsere letzte!

M a x. Ja ... ja!

A n a t o l. Da habe ich neulich das kleine Mädel gesehen, die Annette, weißt du, die mit dem Violinspieler herumläuft ... Reizend, sag ich dir ...

M a x. Nun, und?

A n a t o l. Dieser Flieder ist jung, liebenswürdig, begabt und ich ... nun alles mögliche andere, aber keinesfalls mehr jung, fast grau ...

M a x. Nun, was ist's mit der Annette?

A n a t o l. Sie kokettiert!

M a x. Na?

A n a t o l. Mit mir ... ich bitte dich, mit mir! Es ist verstimmend! Sie geht mit dem jungen Menschen spazieren, weißt du, so an seinem Arm hängend, in der Art ganz junger Frauen ... mit verzückten, stupiden, unmoralischen Augen. Ich komme vorüber und ... die Augen hören auf, verzückt zu sein, sie fixieren mich, sie sind nicht mehr stupid, sondern süß und schlau ... nur unmoralisch bleiben sie ...

M a x. Wieso du mir nur plötzlich von Annette erzählst?

A n a t o l. Es fuhr mir so durch den Sinn. Ich denke, wie es gar keine Möglichkeit gibt, sich sicher zu fühlen! Wir wissen nämlich, wenn wir eine Frau noch so gut kennen, doch immer nur, wie sie uns liebt, nie ... wie sie einen anderen lieben könnte! Darum ist es auch keine Gewähr,

wenn uns eine mit Tränen im Auge in hinschmelzender
Zärtlichkeit anschwärmt, was uns so oft vertrauensselig
macht ... Sie betet vielleicht zugleich einen andern an, als
eine ganz andere ... leichtsinnig, graziös und wild ...

M a x. Du denkst also, die kleine Annette spielt dem Flieder gegenüber die Sentimentale?

A n a t o l. Spielt? – Ist!! – Die Weiber bilden sich ja selbst
nur ein, daß sie Komödie spielen, weil sie sich verwun-
dern, bald so, bald anders zu sein. Es ist häufig gar keine
Spur einer Komödie dabei. – Sie lügen nicht einmal so oft,
als wir glauben ... die Wahrheiten wechseln nur für sie
mit jeder Minute ...

M a x. Wie still es hier ist! Das tut wirklich wohl!

A n a t o l. Ja, es tut einem förmlich leid, daß man nichts
zu verwinden hat! Das wäre der rechte Abendfrieden,
über manchen Schmerz hinwegzukommen!

M a x. Wer ist denn je über einen richtigen weggekom-
men?

A n a t o l. Ach, über jeden! Das ist so banal, so oft habe
ich's erlebt, daß ich schließlich auch ein Mißtrauen gegen
meinen Schmerz bekam! Es war mein letzter und tiefster!

M a x. So wird der Trost selbst wieder Schmerz ...

A n a t o l. Ist's etwa nicht wahr? Denke doch, was ein ein-
samer Spaziergang, eine Stunde der Überlegung, ein Gedicht, mit dem man sich etwas von der Seele schrieb, zuweilen vermochte!

M a x. Oh, mit der Einsamkeit scheint es nun für uns vorbei ... hörst du?

A n a t o l. ...?

M a x *(schaut übers Geländer. Wagenrollen)*. Da biegen sie
auch schon um die Ecke und rasen her, direkt her!

A n a t o l. Wieviel Wagen sind es denn?

M a x. Zwei ... drei ... Herrgott, die rasen aber! Da
kommt noch einer über die Kreuzung ...

A n a t o l. Gerade zu uns her?

            (Wagenrollen, Pferdegetrappel.)

M a x. Herren und Damen. Ah, sieh doch! Sie winken mit
dem Taschentuch!

A n a t o l. Bekannte?

(Die Wagen fahren über die Landstraße vorbei und halten

an der imaginären Hinterfront des Hauses. Aus einem der
Wagen klingt es herauf: Guten Abend, meine Herren!)

A n a t o l. Guten Abend! Wer ist's denn?

M a x. Der eine war der Baron Diebl. Ah, in dem letzten
Wagen . . . sieh doch, Berta!

A n a t o l. Wie?! Amüsiert sich die noch immer?

M a x. Noch immer! Und wenn ich denke, daß sie das seit
zwanzig Jahren tut!

A n a t o l. Damals war sie sechzehn!

M a x. Es ist doch gut, daß man nicht in die Zukunft sehen
kann.

A n a t o l. Warum?

M a x. Wenn dir damals dieses Bild erschienen wäre! *(Auf*
die Straße deutend.)

A n a t o l. Ach Gott . . . diese Bilder bleiben uns nicht er-
spart, sie sind nur nicht so präzise! – Hast du im übrigen die andern Weiber ausgenommen?

M a x. Nicht ganz genau.

A n a t o l. Der Lärm!

M a x. Na, zu uns kommen sie wohl nicht! Sie werden sich
in den Salon setzen, und dann stören sie uns nicht weiter!

A n a t o l. Der Baron Diebl . . . der lebt!

M a x. Kommst du zuweilen mit ihm und seiner Gesellschaft noch zusammen?

A n a t o l. O nein, ich habe nie viel mit ihnen verkehrt. Die
machen mich nervös, diese Leute! Weißt du, wenn man
betrunken ist, dann unterhält man sich mit ihnen. Aber
ich war nie betrunken . . .

M a x. In ihrer Weise sind sie gewiß sehr glücklich!

B a r o n D i e b l *(tritt ein)*. Guten Abend, grüß euch Gott!
Ich habe euch schon von der Straße aus erkannt!

A n a t o l. Guten Abend!

M a x. Guten Abend!

B a r o n D i e b l. Also da muß man heraus, um dich zu
entdecken!

A n a t o l. Man muß ja nicht eben!

B a r o n D i e b l. Wo steckst du denn eigentlich? Verreist
gewesen?

A n a t o l. Hier gewesen!

B a r o n D i e b l. Also Eremit geworden?

A n a t o l. Eremit geblieben!

B a r o n D i e b l. Oh! *(Zu Max.)* Was sagst du, lieber Freund – er ist es geblieben! Er meint nämlich, er war es immer.

M a x. Ja, ich hab es verstanden!

B a r o n D i e b l. Da muß ich aber bitten! Tu doch nicht so! Warst einmal sehr fidel, aber sehr! Bist es gewiß noch immer!

A n a t o l. Ich war nie fidel.

B a r o n D i e b l. So! Nun, da hast du heut Gelegenheit, es zu werden!

A n a t o l. Zu gütig!

B a r o n D i e b l. Ja, ihr beide! Ihr trefft Bekannte, fast lauter Bekannte!

A n a t o l. Du bist wirklich zu liebenswürdig – aber wir sind eben daran, uns auf den Heimweg zu machen.

B a r o n D i e b l. Heimweg?! Macht euch doch nicht lächerlich! Ihr werdet euch amüsieren wie die Götter! Denkt euch, wer da ist! Abgesehen von Berta ... denn die ist immer da. Also hört nur: Juliette! Ihr kennt sie doch?

M a x. Die Französin?

B a r o n D i e b l. Ja, denkt euch, und er – ihr Er – macht eine Reise um die Welt! Was, die hat's bequem!

M a x. Ach Gott, die Weiber betrügen einen auch, während man nach Weidlingau fährt ...

B a r o n D i e b l. Ah, sehr gut ... da hast du recht! *(Zu Anatol.)* Er meint nämlich, die Frauen benützen jede Gelegenheit!

A n a t o l. Ja, ja, ich hab's verstanden!

B a r o n D i e b l. Du hast ja nicht gelacht! Über einen Witz lacht man doch! Also, was sagte ich ... Juliette! Ja, dann Rosa, welche fürchterlich stolz geworden ist. Mein Verdienst, daß sie überhaupt mitkam! Du fragtest mich nicht, warum sie stolz geworden?

A n a t o l. Nein ...

B a r o n D i e b l *(zu Max)*. Du auch nicht?

M a x. O ja. Warum ist Rosa so fürchterlich stolz geworden?

B a r o n D i e b l. Man weiß nicht ... man vermutet nur: sehr viele Zacken!

Max. Oh.

Baron Diebl. Ja, nichts weiter davon! Dann ist Fräulein Hanischek mit – ganz neu – wird eben erst lanciert!

Max. Fräulein Hanischek?! Das ist ja greulich!

Baron Diebl. Ist nur vorläufig ihr Kosename. Sie heißt nämlich so! Nun will aber der Zufall, daß ihr Vorname noch ärger ist. Ratet einmal. Na...

Anatol. Wie soll man denn einen Vornamen erraten?

Baron Diebl. Barbara! Und dabei hat sie noch keinen nom de guerre... Heute dürfte sie getauft werden...

Max *(noch ganz erschrocken)*. Barbara! Barbara!!

Baron Diebl. Ja, was sagt ihr? Barbara! Möchte nur die Liebhaber kennen, die sich bisher mit dem Namen behelfen mußten! Und denkt euch, der arme Fritz Walten, der sie jetzt hat... dem ist noch kein anderer Name eingefallen, dem armen Teufel! Er muß sie noch immer Barbara nennen! Nun, fragt ihr mich gar nicht, wer noch da ist?

Max. Ja, bitte sehr, wer ist denn noch da?

Baron Diebl. Zuerst sagt mir, ob ihr kommen wollt.

Anatol. Was mich anbelangt, lieber Baron, mir fehlt wirklich die Laune.

Baron Diebl. Wie? Und das soll ich wirklich glauben, daß dir zu so was überhaupt die Laune fehlen kann?

Anatol. Aber ist es denn gar so unbegreiflich, daß man gerade einmal nicht in der Stimmung ist?

Baron Diebl. Ah, blasiert!

Anatol. Ich habe keine Lust, mich zu unterhalten, mir fehlt dein Talent zum Lustigsein.

Baron Diebl. Wie lustig hab ich dich schon gesehen!

Anatol. Da hast du mich mißverstanden. Jedenfalls hab ich meine Lustigkeit gehabt... und nicht die der andern!

Baron Diebl. Na, 's ist jeder lustig, wie er kann.

Anatol. Ja, und für die eure da unten bedank ich mich bestens!

Baron Diebl. Ah, wir sind dir vielleicht nicht genug fein mit den Frauenzimmern...

Anatol. Was sind sie euch denn überhaupt?

Baron Diebl. Wenn man dich so reden hört, so möchte

man glauben, daß du ganz andere Weiber geliebt hast als
wir gewöhnlichen Menschen ...

A n a t o l. Gewiß ... denn ich war es, der sie liebte! Oder
meinst du wirklich, daß ich dasselbe Leben führte wie ihr,
wie du? Du meinst, daß unsere Abenteuer dieselben
waren, weil sie von außen gleich aussahen? Du und deinesgleichen ... ihr sucht in jedem Weib die Kokotte ... ich
hab in jeder Kokotte das Weib gesucht!

B a r o n D i e b l. Daraus folgt nur, daß ich nicht so lange
zu suchen brauchte ...

A n a t o l. Und daß du dich häufig geirrt hast!

B a r o n D i e b l. Und du jedesmal ... wie jeder, der die
Frauen anbetet!

A n a t o l. Ich bete sie nicht an!

M a x. O ja! Du betest das an, was du in sie hineinträgst. Es
ist Künstlereitelkeit!

A n a t o l. Darum begreifen mich auch die Dilettanten der
Liebe nicht!

B a r o n D i e b l. Nun, so übe doch deine Künstlerschaft
heute unter uns!

A n a t o l. Das kann man nicht immer ...

B a r o n D i e b l. Vielleicht gibt es doch eine, die dich heute
interessieren könnte.

M a x. Das Fräulein Hanischek?!

B a r o n D i e b l. O nein! Etwas ganz Besondres ... ein
Mädchen, jung und schön wie eine Göttin! Heut das erstemal unter uns!

M a x. Allein?

B a r o n D i e b l. O nein ... mit ihm ... mit Flieder!

A n a t o l. Mit wem?!

B a r o n D i e b l. Mit dem Flieder von der Oper.

A n a t o l. Ach, Annette?

B a r o n D i e b l. Ja. Er ... eifersüchtig wie ein Narr –
zum Totlachen – sie ... entzückend, naiv beinahe!

A n a t o l. Grüße sie von mir!

B a r o n D i e b l. Also auch das zieht nicht? Ja, womit soll
man dich denn eigentlich locken? Sag, Max, ist er etwa
ernstlich verliebt? *(Zu Anatol.)* Oder sehnst du dich nach
etwas ganz Wunderbarem, Unberührten ... nach einer,
die noch nichts, gar nichts vom Leben und der Liebe weiß?

Hab ich nicht recht, Max? Na warte! Das nächste Mal bringen wir dir eine Jungfrau mit!

A n a t o l. Nicht nötig. Ich mache mir meine Jungfrauen selber!

B a r o n D i e b l. Oh, das dürfte manchmal seine Schwierigkeiten haben!

A n a t o l. Ist das nicht der einzige Ehrgeiz in der Liebe?

M a x. Nein, nur der einzige unerfüllbare!

A n a t o l. Die andern alle zu Vergessenen machen, zu nie Gewesenen.

B a r o n D i e b l. Ja, aber denke, wenn diese Mühe nicht einmal notwendig ist ...

M a x. Wenn man nichts, gar nichts zu verzeihen hat ...

A n a t o l. Man hat immer etwas zu verzeihen.

M a x. Auch wenn man der erste ist?

A n a t o l. Ja, daß es vielleicht ein anderer hätte sein können! Ja, man hat dort, wo man der erste ist, vielleicht noch mehr zu verzeihen als in andern Fällen ... sich selbst!

B a r o n D i e b l. Mit dem Herrn werden wir heute nicht fertig.

A n a t o l. Laß dich nicht stören, Max!

M a x. Willst du hier allein bleiben?

A n a t o l. Noch eine Weile. Vielleicht findest du mich noch, wenn du heraufkommst.

M a x *(zu Baron Diebl).* Nun, da will ich auf ein paar Augenblicke mit dir gehen.

B a r o n D i e b l. Auf Wiedersehen also, mein melancholischer Anatol!

A n a t o l. Adieu! *(Baron Diebl und Max ab.)*

A n a t o l *(zündet sich eine Zigarre an, sieht über das Terrassengeländer in die Dämmerung hinaus – dann nimmt er Hut und Stock und will gehen. Die Türe öffnet sich, und Annette tritt auf die Terrasse).*

A n n e t t e. Herr Anatol!

A n a t o l. ...?

A n n e t t e. Oh, Sie wollten fortgehen?

A n a t o l. Fräulein Annette, Sie sind es?

A n n e t t e. Ja, es ist Fräulein Annette! Man hat mich um Sie geschickt ...

A n a t o l. Sie sind also wirklich hier mit diesen Leuten?

A n n e t t e. Ja, der Baron hat es Ihnen doch gesagt!

A n a t o l. Freilich, freilich ...

A n n e t t e. Und warum sind Sie denn so traurig?

A n a t o l. Traurig?

A n n e t t e. Warum wollen Sie nicht zu uns? Es ist so hübsch! Wenn Sie dabei wären, wäre es noch viel hübscher!

A n a t o l. Ich begreife eigentlich gar nicht, daß Sie da sind!

A n n e t t e. Wieso?

A n a t o l. Ich verstehe nicht, wie man sich mit seinem Glück unter Leute ... und noch dazu, nein, nein, wie man sich überhaupt unter Leute mischen kann ...

A n n e t t e. Wie ... das verstehen Sie nicht? Da sind Sie ja geradeso wie er!

A n a t o l. Wieso?

A n n e t t e. Er versteht es eigentlich auch nicht. Sie glauben nicht, wie ungern er mit mir unter Leute geht!

A n a t o l. Ah!

A n n e t t e. Immer möchte er mit mir allein sein ...

A n a t o l. Das ist ja nur selbstverständlich!

A n n e t t e. Ja, wissen Sie, zuweilen gehe ich recht gerne mit ihm spazieren, denn ich liebe die Natur ...

A n a t o l. So!

A n n e t t e. Oh, sehr!

A n a t o l. Aber Sie haben auch die Menschen gern, wie? Lustige Gesellschaft, wo man singt und trinkt!

A n n e t t e. O ja ... das hab ich eigentlich noch lieber.

A n a t o l. Und weiß er das?

A n n e t t e. Er muß es ja wissen.

A n a t o l. Sagen Sie's ihm?

A n n e t t e. Was sollte ich ihm sagen?

A n a t o l. Nun, so etwa: Mein Freund, ich hab dich sehr lieb, aber die Einsamkeit macht mich sehr traurig ... und ich will lustig sein.

A n n e t t e. Ja, sehen Sie, wenn ich ihm das so geradeheraus sagte, würde es ihn kränken ... er ist so eifersüchtig auf alles! Ich darf manchmal nicht einmal lachen!

A n a t o l. Nun, so tun Sie's jetzt, wo er Sie nicht hören kann.

A n n e t t e. Ja... aber jetzt bin ich gar nicht dazu aufgelegt.

A n a t o l. Sooo!

A n n e t t e. Und gerade wenn ich's bin, darf ich nicht!
Neulich erst...

A n a t o l. Nun, was stocken Sie denn?

A n n e t t e. Ich bleibe zu lange bei Ihnen, man wird ungeduldig werden...

A n a t o l. Aber erzählen Sie doch. *(Zieht sie neben sich auf
die Bank, hält ihre Hand, sie sieht ihn an, lächelt dann
kokett.)* Nun, was gab es neulich?

A n n e t t e. Nun, neulich einmal hätte ich so gerne gelacht... ohne es zu dürfen... da sprach er so lange und
so komisch, die Tränen kamen ihm dabei...

A n a t o l. Nun?

A n n e t t e. Aber denken Sie – ein Mann, der weint. Das
darf er nicht ein zweites Mal tun.

A n a t o l. Sie haben es ihm gesagt?

A n n e t t e. O nein, ich habe einfach das Lachen verbissen,
so gut es ging...

A n a t o l. Mein liebes Kind!

A n n e t t e *(kokett)*. Gefällt Ihnen meine Hand gar so
gut?

A n a t o l. Sie lieben ihn eigentlich nicht sehr innig... so
tief, wie er wahrscheinlich geliebt werden möchte... das
sollten Sie ihm klarmachen...

A n n e t t e. Küssen Sie mir die Hand!

A n a t o l. Warum denn...?

A n n e t t e. So lassen Sie sie also aus...

A n a t o l *(küßt ihre Hand. Annette lacht leise. Kleine
Pause)*. Ja, da müßten Sie ihm sagen...

A n n e t t e. Was denn...

A n a t o l. Daß das nicht die Liebe ist, welche er verlangt,
daß Sie ihn nicht so lieben können...

A n n e t t e. Aber da wäre er ja unglücklich!

A n a t o l. Wie gut!

A n n e t t e. Ich liebe ihn ja... aber Rührung will ich keine
haben, nein, nein, keine Rührung! *(Springt auf.)* Nein...
ich vergesse ganz, warum ich hergekommen bin! Sie sollen
ja mit hinunter!

A n a t o l. Mein liebes Kind, so gerne ich mit Ihnen da allein plaudere ...

A n n e t t e. Wir können auch unten allein plaudern.

A n a t o l. Oh, was würde er sagen?

A n n e t t e. Wir werden schon leise sprechen.

A n a t o l. Das würde ihn kaum beruhigen ...

A n n e t t e. Kommen Sie hinunter, ja?

A n a t o l. Was Sie für zärtliche Augen haben, wenn Sie bitten ...

A n n e t t e. Nicht wahr, man kann mir nicht widerstehen?

A n a t o l. Vielleicht doch!

A n n e t t e *(plötzlich mit aufgehobenen Händen)*. Kommen Sie!

A n a t o l. Aber Kind!

A n n e t t e *(ihm zu Füßen, ganz plötzlich)*. Anatol, kommen Sie!

A n a t o l. Was fällt Ihnen denn ein?

A n n e t t e. Man wird doch ein bißchen Komödie spielen dürfen!

A n a t o l. Gut, daß Sie's wenigstens eingestehen.

A n n e t t e. Wenn es aber Wahrheit wäre?

A n a t o l. Ich bitte Sie, stehen Sie auf!

A n n e t t e *(aufstehend)*. Und ich führe Sie mit mir hinunter ... und Sie setzen sich neben mich ... und ...

A n a t o l. Ich merke etwas! Sie wollen mich dazu benützen, um ihn eifersüchtig zu machen.

A n n e t t e. Warum denn? Glauben Sie nicht, daß Sie mir gefallen?

A n a t o l. Sie sind ein bißchen zu sehr kokett, Annette!

A n n e t t e. Das sagen Sie, weil Sie mir nicht glauben. *(Nimmt eine Blume von ihrer Brust, küßt sie und gibt sie dem Anatol.)* Auch Koketterie?

(In diesem Moment erscheinen Baron Diebl, Flieder und Berta.)

B a r o n   D i e b l. Nun, was ist's, Annette? Wir wollten einen gewinnen und verlieren noch eine dazu!

A n n e t t e. Ich glaube, es hilft nichts.

F l i e d e r. Wahrscheinlich hast du noch nicht alles versucht!

A n a t o l. Herr Flieder! Oh ... Berta!!

Berta. Ja, ich bin's. Und ich bitte dich, komm zu uns! Wirst du es mir abschlagen?

Anatol. So viel Liebenswürdigkeit, so viel Güte!

Berta. Ja... alte Liebe rostet nicht!

Anatol. Ich komme, ich komme... ich kann nicht mehr widerstehen!

Berta. Willst du meinen Arm nehmen? *(Die andern gehen voraus.)*

Anatol. Einen Augenblick, Berta! Ich muß dich etwas fragen!

Berta. Ja... was hast du denn, mein alter Anatol?

Anatol. Wie lange schon habe ich dich nicht gesprochen!

Berta. Weißt du noch wann?

Anatol. Das letztemal war vor Jahren und Jahren...

Berta. Aber, was fällt dir ein!

Anatol. Nun ja... freilich haben wir uns gesehen... auch gesprochen... ja, ja... aber waren wir auch wirklich wir zwei?

Berta. Wieso?

Anatol. Wir haben geplaudert wie gute Bekannte, die ihr ganzes Leben lang aneinander vorübergegangen sind... es war uns ja beiden aus dem Gedächtnis entschwunden, was wir uns einmal gewesen sind...

Berta. Oh, ich weiß es noch sehr gut...

Anatol. Du erinnerst dich noch?

Berta. Aber Närrchen... ich habe noch nie jemanden vergessen!

Anatol. Wie jung, wie jung waren wir damals! Und ich weiß nicht, wie es kommt... mir ist, als sähe ich dich heute wieder das erstemal nach unserm letzten Kuß!... In dieser ganzen langen Zeit, die dazwischen liegt... was ist eigentlich mit dir geschehen?

Berta. Na, es ist mir ganz gut gegangen.

Anatol. Ich habe dich freilich da und dort wiedergefunden... aber was ist mit dir geschehen? Weißt du, daß mir kaum jemals eingefallen ist, wenn ich dir begegnete... das... das war einmal meine Geliebte...

Berta. Sehr schmeichelhaft!

Anatol. Eigentlich ist's ja gut... denn ich habe dich ganz ernstlich angebetet...

B e r t a. Oh, ich weiß, ich weiß!

A n a t o l. Steht sie auch plötzlich wieder so klar vor dir, diese ferne Zeit?

B e r t a. Oh, ich weiß noch alles ...

A n a t o l. Ah!

B e r t a. Zum Beispiel ... warte nur ... wie du mir Fensterpromenade gemacht hast!

A n a t o l. Ah! Du denkst noch daran?

B e r t a. Ja, es war so komisch!

A n a t o l. Hm ... es ist dir wohl manches komisch vorgekommen, damals ...

B e r t a. O nein, du warst so süß!

A n a t o l. Ach, geh doch! Nun wollen wir uns einmal alles sagen!

B e r t a. Alles ...?

A n a t o l. Ja, alles! Ich habe dich noch so viel zu fragen!

B e r t a. Ja, ich verstehe dich gar nicht ... heute fällt dir das ein?

A n a t o l. Ich sagte dir ja schon: Ich sehe dich heute das erstemal wieder und mir ist, als wären wir damals geschieden, ohne daß alles ausgesprochen war ... In deinen Augen gab es so viele Rätsel ... auch dein Lächeln war so seltsam ... und dann ...

B e r t a. Nun, was denn noch?

A n a t o l. Du warst so schnell getröstet ...

B e r t a. Nun ja ...

A n a t o l. Wie?

B e r t a. Du doch auch! Ich bitte dich ... daß es einmal aus sein mußte, das haben wir doch beide gewußt ...

A n a t o l. Du wußtest es?

B e r t a. Nun, was denkst du eigentlich? Man glaubt euch Herren vielleicht so ohne weiteres alles, was ihr einem vorerzählt?

A n a t o l. Aber damals ... damals, wo du noch fast ein Kind warst ...

B e r t a. Ach Gott, gescheit war ich immer ...

A n a t o l. Und wenn wir uns ewige Liebe schwuren ... da wußtest du es immer, daß das eigentlich ...

B e r t a. Na – und du? Du hast mich vielleicht heiraten wollen?

A n a t o l. Aber wir haben uns doch angebetet!

B e r t a. Na ja ... aber deswegen verliert man ja doch nicht gleich den Verstand ...!

A n a t o l. Ja, ja ...

B e r t a. Gehen wir jetzt hinein?

A n a t o l. Ich bitte dich ... es ist so schön da ... diese Abendluft ist so mild ...

B e r t a. Ah! Hast du das noch immer an dir?

A n a t o l. Was denn?

B e r t a. Na, daß du so poetisch bist.

A n a t o l. Weil ich die Luft milde finde?

B e r t a. Siehst du, wie ich noch alles weiß ... Du hast mir ja auch manchmal Gedichte gebracht ...

A n a t o l. So ... daran denke ich gar nicht mehr!

B e r t a. Eines hab ich einmal mit der Flora zusammen gelesen ... Du denkst noch an die blonde Flora? *(Lacht.)*

A n a t o l. Warum lachst du denn?

B e r t a. Sie deklamierte es ... weißt du ... ganz pathetisch und machte deine Augen dazu ...

A n a t o l. Meine Augen?

B e r t a. Ja ... die bedeutungsvollen, großen!

A n a t o l. So ... ich mache so bedeutungsvolle Augen?

B e r t a. Oh, aus denen konnte man alles mögliche herauslesen!

A n a t o l. Auch Eifersucht?

B e r t a. Warum fragst du das?

A n a t o l. Hm ... ich denke nämlich ganz zufällig an einen Abend, wo wir zusammen im Theater waren ...

B e r t a. Das waren wir ja oft!

A n a t o l. Nun, ich denke an einen ganz bestimmten, es war bei einer Operette, und neben uns saß ein eleganter Herr, mit graumeliertem Vollbart, der dich anstarrte ...

B e r t a. Was?

A n a t o l. Er starrte dich an, wie jemanden, den man kennt ...

B e r t a. Ah, dieser Franzose war das ... der Große.

A n a t o l. Ja, ja, ein Franzose! Du hast ihn gekannt?

B e r t a. Ja ... nein!

A n a t o l. Ja, ja! Damals hast du mir das nicht gesagt!

B e r t a. Na ja, damals. Du warst ja so eifersüchtig!

A n a t o l. Ja, weil er dich immer anstarrte!

B e r t a. Nun, was kann ich denn dafür?

A n a t o l. Woher kanntest du ihn?

B e r t a. Was weiß denn ich? Was willst du denn eigentlich von mir? Ich denke einen alten Freund zu treffen, und nun wird er grob wie ein Geliebter!

A n a t o l. Antworte mir lieber. Ich weiß mich an jenen Abend noch zu genau zu erinnern ... wie du mich beruhigen wolltest, weiß ich noch! Die Worte hab ich noch im Ohr!

B e r t a. Die Worte?

A n a t o l. Und den Blick, mit dem du mir sagtest: Ach, auf den Greis da bist du jetzt auch schon eifersüchtig!

B e r t a *(lacht)*. Und er war gar nicht so alt!

A n a t o l. Also angelogen, einfach angelogen hast du mich damals?

B e r t a *(zornig)*. Man muß es ja, man muß es ja!

A n a t o l. ...?

B e r t a. Ihr lockt sie uns ja heraus, die Lügen, ihr zwingt uns ja dazu!

A n a t o l. Ich habe dich immer beschworen, nur die Wahrheit zu sagen!

B e r t a. Ja, mit deinen Worten! Aber im Blick liegt es, im Blick!

A n a t o l. Was liegt im Blick?

B e r t a. Nun, das: Lüg mich an ... lüg mich an!

A n a t o l. Was für ein Unsinn!

B e r t a. Siehst du, wie recht ich habe? Noch heute würdest du mir dankbar sein, wenn ich's täte!

A n a t o l. Also jenen Franzosen kanntest du?

B e r t a. Du hast's ja gemerkt.

A n a t o l. Und wenn ich dir sagte: Du bist kokett, so wurdest du impertinent!

B e r t a. Einem Menschen wie dir kann man doch nichts eingestehen!

A n a t o l. Weil ich dich wohl zu sehr gequält habe?

B e r t a. Ja, das hast du, aber ich hab mir nichts draus gemacht!

A n a t o l. Und dein ernstes Gesicht, die Tränen, wenn ich dir Vorwürfe machte?

Berta. So, ich hab geweint?

Anatol. Tränen, an die man sich nicht erinnert, können nicht echt gewesen sein!

Berta. Du wurdest ja so zärtlich, wenn ich traurig war, das kannte ich schon an dir!

Anatol. Und darum...

Berta. Nun, ist das etwa auch schlecht von mir, daß ich dich zärtlich haben wollte?

Anatol. Also kokett, verlogen, eine Komödiantin... das alles bist du gewesen?

Berta. Du hast es mir schon tausendmal gesagt, schon damals!

Anatol. Ja, nur daß ich's nicht geglaubt habe!

Berta. Aber, Schatz! Nicht wahr, schön war's damals doch... und darum hab ich dir deine Langweile gern verziehen!

Anatol. Wie? Langweilig war ich auch?

Berta. Nun ja, weißt du... es hat so Momente gegeben ... Du hast solche Launen gehabt! Und dann hast du dir den Kopf zerbrochen über lauter alte Geschichten... und über alles hast du gleich hundertmal reden müssen... Manchmal war es ganz verdreht, ganz verrückt...

Anatol. So...!!

Berta. Oh, manchmal auch sehr schön, o ja, sehr poetisch...

Anatol. Das meiste aber langweilig und lächerlich!

Berta. Oh, was du meintest, hab ich schon gewußt, immer... auch wenn's ein Unsinn war.

Anatol. Also diese eigentümlichen, träumerischen Blicke, aus denen mir ein süßes Einverständnis entgegenzuträumen schien, es war nichts... als Fremdheit?

Berta. Du redest ja noch immer so...

Anatol. ...die ewige, verständnislose, leichtfertige Fremdheit...

Berta. Das hast du immer gesagt, daß ich dich nicht verstehe!

Anatol. Und habe nicht einmal daran geglaubt!

Berta. Ich hab dich ganz gut verstanden! Was ihr Männer euch nur einbildet, daß man euch nicht versteht...

(Baron Diebl und Max kommen.)

Baron Diebl. Da drunten beginnt's lustig zu werden! Jetzt eben handelt es sich um die Taufe des Fräulein Hanischek!

Berta. Ah, da muß ich hinunter, ich habe einen so reizenden Namen für sie ausgedacht ...

Anatol. Noch einen Augenblick, Berta!

Berta. Nun, rasch, rasch!

Anatol. Geh!

Berta. Narr! (*Mit Baron Diebl ab.*)

Max. Was wolltest du denn?

Anatol. Eine letzte Frage an sie stellen, die sie mir heute sicher beantwortet hätte.

Max. Was hattest du denn mit ihr zu sprechen?

Anatol. Denke dir, ich bekam plötzlich so Lust, mir von Berta unsere Liebesgeschichte erzählen zu lassen! Sie hat mich damals ausgelacht, mit andern kokettiert, mich kaum verstanden, wahrscheinlich auch betrogen ...

Max. Nun, was weiter? Diese Person ...

Anatol. Ja, aber was sie damals zu sein schien! Konnte man's denn ahnen? Welche Kunstfertigkeit in der Verstellung! Und dabei war sie damals ... ach was, damals ... bevor sie den ersten Kuß von einem Mann empfangen, war sie es ja! Das Erlebte ist ja so zufällig! Ihr erster Liebhaber darf auf sie nicht stolzer sein als ihr letzter!

Max. Nun ja ... Willst du nun fort?

Anatol. Aber muß sie denn jetzt die Wahrheit gesprochen haben? In diesem Weibe haben sich die Erinnerungsbilder mit der Zeit vielleicht verändert, verschoben, verfälscht! Sie hat mich damals vielleicht wirklich verstanden und weiß es heut nicht mehr!

Max. Ja sag, was bist du für ein Grübler! Um dieses Weib, das du seit zwanzig Jahren vergessen, grämst du dich in diesem Augenblick von neuem?

Anatol. Es ist dumm ... es ist krank! Aber mein Leichtsinn ist so schwermütig geworden. Ich schleppe alle meine Erinnerungen mit mir herum ... und an manchen Tagen streue ich sie aus ...

Max. Wie einen Sack von Perlen ...

Anatol. Und lauter falsche!

Max. Wenn aber eine davon echt war?

A n a t o l. Was hilft's ihr? Sie muß mit den andern den
Fluch des Mißtrauens tragen! Man kennt sie nicht ausein-
ander, unmöglich! Und wer weiß, vielleicht hab ich ein-
mal das Weib geliebt, das mich wirklich verstanden, und
durfte glücklich sein ... und hab es nicht gewagt ...
Kommst du mit mir? *(Sie gehen die Treppe hinunter.)*
A n n e t t e *(rasch hereinstürzend, sieht sich um).*
F l i e d e r *(ihr nach).* Wohin, wohin?
A n n e t t e. Bist du schon wieder da?
F l i e d e r. Ich wußte es ja, es zog dich wieder da herauf!
A n n e t t e. Aber was sprichst du denn? Zu wem denn?
F l i e d e r. Was willst du auf der Terrasse?
A n n e t t e. Mit dir allein sein!
F l i e d e r. Mit mir?
A n n e t t e. Ich wußte es ja, daß du mir folgst!
F l i e d e r. So?
A n n e t t e. Es hat mich früher so geärgert, daß du mich so
lange allein ließest! Und wärst du mir nicht gefolgt...
ich hätte nicht mehr glauben können, daß du mich
liebst ...
F l i e d e r. Weißt du's nun?
A n n e t t e. Ob ich's weiß ... mein Geliebter!
F l i e d e r. Ich will dir was sagen, Schatz, gehen wir!
A n n e t t e. Wie ...?
F l i e d e r. Ja. Kehren wir nicht mehr unter die Menschen
zurück, da unten ... Gehen wir ... allein ... zu dir ...
A n n e t t e. Aber jetzt schon? *(Zerstreut.)* Schau, da geht
er ...
F l i e d e r *(sehr ärgerlich).* Wer denn?
A n n e t t e. Nun, Anatol ... und Max!
F l i e d e r. Was schaust du denn hinaus? Was interessiert
dich denn das?
A n n e t t e. Man wird doch etwas bemerken dürfen!
F l i e d e r. Aber nicht, wenn ich dir von meiner Liebe spre-
che! Und gerade diesen Herrn beliebst du zu bemerken!
A n n e t t e. Am Ende gar eifersüchtig?
F l i e d e r. ...?
A n n e t t e. Aber mein süßes Engerl ... auf so einen Alten!!

(Vorhang.)

DER GRÜNE KAKADU

Groteske in einem Akt

PERSONEN

Emile Herzog von Cadignan
François Vicomte von Nogeant
Albin Chevalier de la Tremouille
Der Marquis von Lansac
Séverine, *seine Frau*
Rollin, *Dichter*
Prospère, *Wirt, vormals Theaterdirektor*

Henri
Balthasar
Guillaume
Scaevola
Jules
Etienne   } *seine Truppe*
Maurice
Georgette
Michette
Flipotte

Léocadie, *Schauspielerin, Henris Frau*
Grasset, *Philosoph*
Lebrêt, *Schneider*
Grain, *ein Strolch*
Der Kommissär
Adelige, Schauspieler, Schauspielerinnen,
Bürger und Bürgerfrauen

*Spielt in Paris am Abend des 14. Juli 1789 in der Spelunke
Prospères.*

Wirtsstube »Zum grünen Kakadu«.

Ein nicht großer Kellerraum, zu welchem rechts – ziemlich
weit hinten – sieben Stufen führen, die nach oben durch
eine Tür abgeschlossen sind. Eine zweite Tür, welche kaum
sichtbar ist, befindet sich im Hintergrunde links. Eine An-
zahl von einfachen hölzernen Tischen, um diese Sessel, fül-
len beinahe den ganzen Raum aus. Links in der Mitte der
Schanktisch; hinter demselben eine Anzahl Fässer mit Pipen.
Das Zimmer ist durch Öllämpchen beleuchtet, die von der
Decke herabhängen.

Der Wirt Prospère; es treten ein die Bürger Lebrêt und
Grasset.

G r a s s e t *(noch auf den Stufen)*. Hier herein, Lebrêt; die
Quelle kenn ich. Mein alter Freund und Direktor hat immer noch irgendwo ein Faß Wein versteckt, auch wenn
ganz Paris verdurstet.

W i r t. Guten Abend, Grasset. Läßt du dich wieder einmal
blicken? Aus mit der Philosophie? Hast du Lust, wieder
bei mir Engagement zu nehmen?

G r a s s e t. Ja freilich! Wein sollst du bringen. Ich bin der
Gast – du der Wirt.

W i r t. Wein? Woher soll ich Wein nehmen, Grasset? Heut
nacht haben sie ja alle Weinläden von Paris ausgeplün-
dert. Und ich möchte wetten, daß du mit dabeigewesen
bist.

G r a s s e t. Her mit dem Wein. Für das Pack, das in einer
Stunde nach uns kommen wird ... *(Lauschend.)* Hörst du
was, Lebrêt?

L e b r ê t. Es ist wie ein leiser Donner.

G r a s s e t. Brav – Bürger von Paris ... *(Zu Prospère.)*
Für das Pack hast du sicher noch einen in Vorrat. Also her
damit. Mein Freund und Bewunderer, der Bürger Lebrêt,
Schneider aus der Rue St. Honoré, zahlt alles.

L e b r ê t. Gewiß, gewiß, ich zahle.

P r o s p è r e *(zögert)*.

G r a s s e t. Na, zeig ihm, daß du Geld hast, Lebrêt.

L e b r ê t *(zieht seinen Geldbeutel heraus).*

W i r t. Nun, ich will sehen, ob ich ... *(Er öffnet den Hahn zu einem Faß und füllt zwei Gläser.)* Woher kommst du, Grasset? Aus dem Palais Royal?

G r a s s e t. Jawohl ... ich habe dort eine Rede gehalten. Ja, mein Lieber, jetzt bin ich an der Reihe. Weißt du, nach wem ich gesprochen habe?

W i r t. Nun?

G r a s s e t. Nach Camille Desmoulins! Jawohl, ich hab es gewagt. Und sage mir, Lebrêt, wer hat größeren Beifall gehabt, Desmoulins oder ich?

L e b r ê t. Du ... zweifellos.

G r a s s e t. Und wie hab ich mich ausgenommen?

L e b r ê t. Prächtig.

G r a s s e t. Hörst du's, Prospère? Ich habe mich auf den Tisch gestellt ... ich habe ausgesehen wie ein Monument ... jawohl – und alle die Tausend, Fünftausend, Zehntausend haben sich um mich versammelt – gerade so wie früher um Camille Desmoulins ... und haben mir zugejubelt.

L e b r ê t. Es war ein stärkerer Jubel.

G r a s s e t. Jawohl ... nicht um vieles, aber er war stärker. Und nun ziehen sie alle hin zur Bastille ... und ich darf sagen: sie sind meinem Ruf gefolgt. Ich schwöre dir, vor abends haben wir sie.

W i r t. Ja, freilich, wenn die Mauern von euern Reden zusammenstürzten!

G r a s s e t. Wieso ... Reden! – Bist du taub? ... Jetzt wird geschossen. Unsere braven Soldaten sind dabei. Sie haben dieselbe höllische Wut auf das verfluchte Gefängnis wie wir. Sie wissen, daß hinter diesen Mauern ihre Brüder und Väter gefangensitzen ... Aber sie würden nicht schießen, wenn wir nicht geredet hätten. Mein lieber Prospère, die Macht der Geister ist groß. Da – *(Zu Lebrêt.)* Wo hast du die Schriften?

L e b r ê t. Hier ... *(Zieht Broschüren aus der Tasche.)*

G r a s s e t. Hier sind die neuesten Broschüren, die eben im Palais Royal verteilt wurden. Hier eine von meinem Freunde Cerutti, Denkschrift für das französische Volk, hier eine von Desmoulins, der allerdings besser spricht, als er schreibt . . . »Das freie Frankreich«.

W i r t. Wann wird denn endlich die deine erscheinen, von der du immer erzählst?

G r a s s e t. Wir brauchen keine mehr. Die Zeit zu Taten ist gekommen. Ein Schuft, der heute in seinen vier Wänden sitzt. Wer ein Mann ist, muß auf die Straße!

L e b r ê t. Bravo, bravo!

G r a s s e t. In Toulon haben sie den Bürgermeister umgebracht, in Brignolles haben sie ein Dutzend Häuser geplündert . . . nur wir in Paris sind noch immer die Langweiligen und lassen uns alles gefallen.

P r o s p è r e. Das kann man doch nicht mehr sagen.

L e b r ê t *(der immer getrunken hat)*. Auf, ihr Bürger, auf!

G r a s s e t. Auf! . . . Sperre deine Bude und komm jetzt mit uns!

W i r t. Ich komme schon, wenn's Zeit ist.

G r a s s e t. Ja freilich, wenn's keine Gefahr mehr gibt.

W i r t. Mein Lieber, ich liebe die Freiheit wie du – aber vor allem hab ich meinen Beruf.

G r a s s e t. Jetzt gibt es für die Bürger von Paris nur einen Beruf: Ihre Brüder befreien.

W i r t. Ja für die, die nichts anderes zu tun haben!

L e b r ê t. Was sagt er da! . . . Er verhöhnt uns!

W i r t. Fällt mir gar nicht ein. – Schaut jetzt lieber, daß ihr hinauskommt . . . meine Vorstellung fängt bald an. Da kann ich euch nicht brauchen.

L e b r ê t. Was für eine Vorstellung? . . . Ist hier ein Theater?

W i r t. Gewiß ist das ein Theater. Ihr Freund hat noch vor vierzehn Tagen hier mitgespielt.

L e b r ê t. Hier hast du gespielt, Grasset? . . . Warum läßt du dich von dem Kerl da ungestraft verhöhnen!

G r a s s e t. Beruhige dich . . . es ist wahr; ich habe hier gespielt, denn es ist kein gewöhnliches Wirtshaus . . . es ist eine Verbrecherherberge . . . komm . . .

W i r t. Zuerst wird gezahlt.

L e b r ê t. Wenn das hier eine Verbrecherherberge ist, so zahle ich keinen Sou.

W i r t. So erkläre doch deinem Freunde, wo er ist.

G r a s s e t. Es ist ein seltsamer Ort! Es kommen Leute her, die Verbrecher spielen – und andere, die es sind, ohne es zu ahnen.

L e b r ê t. So –?

G r a s s e t. Ich mache dich aufmerksam, daß das, was ich eben sagte, sehr geistreich war; es könnte das Glück einer ganzen Rede machen.

L e b r ê t. Ich verstehe nichts von allem, was du sagst.

G r a s s e t. Ich sagte dir ja, daß Prospère mein Direktor war. Und er spielt mit seinen Leuten noch immer Komödie; nur in einer anderen Art als früher. Meine einstigen Kollegen und Kolleginnen sitzen hier herum und tun, als wenn sie Verbrecher wären. Verstehst du? Sie erzählen haarsträubende Geschichten, die sie nie erlebt – sprechen von Untaten, die sie nie begangen haben ... und das Publikum, das hierher kommt, hat den angenehmen Kitzel, unter dem gefährlichsten Gesindel von Paris zu sitzen – unter Gaunern, Einbrechern, Mördern – und –

L e b r ê t. Was für ein Publikum?

W i r t. Die elegantesten Leute von Paris.

G r a s s e t. Adelige ...

W i r t. Herren vom Hofe –

L e b r ê t. Nieder mit ihnen!

G r a s s e t. Das ist was für sie. Das rüttelt ihnen die erschlafften Sinne auf. Hier hab ich angefangen, Lebrêt, hier hab ich meine erste Rede gehalten, als wenn es zum Spaß wäre ... und hier hab ich die Hunde zu hassen begonnen, die mit ihren schönen Kleidern, parfümiert, angefressen, unter uns saßen ... und es ist mir ganz recht, mein guter Lebrêt, daß du auch einmal die Stätte siehst, von wo dein großer Freund ausgegangen ist. *(In anderem Ton.)* Sag, Prospère, wenn die Sache schiefginge ...

W i r t. Welche Sache?

G r a s s e t. Nun, die Sache mit meiner politischen Karriere ... würdest du mich wieder engagieren?

W i r t. Nicht um die Welt!

G r a s s e t *(leicht)*. Warum? – Es könnte vielleicht noch einer neben deinem Henri aufkommen.

W i r t. Abgesehen davon ... ich hätte Angst, daß du dich

einmal vergessen könntest – und über einen meiner zah-
lenden Gäste im Ernst herfielst.

G r a s s e t *(geschmeichelt)*. Das wäre allerdings möglich.

W i r t. Ich ... ich hab mich doch in der Gewalt –

G r a s s e t. Wahrhaftig, Prospère, ich muß sagen, daß ich
dich wegen deiner Selbstbeherrschung bewundern würde,
wenn ich nicht zufällig wüßte, daß du ein Feigling bist.

W i r t. Ach, mein Lieber, mir genügt das, was ich in meinem
Fach leisten kann. Es macht mir Vergnügen genug, den
Kerlen meine Meinung ins Gesicht sagen zu können und
sie zu beschimpfen nach Herzenslust – während es mir für
Scherz halten. Es ist auch eine Art, seine Wut loszuwer-
den. – *(Zieht einen Dolch und läßt ihn funkeln.)*

L e b r ê t. Bürger Prospère, was soll das bedeuten?

G r a s s e t. Habe keine Angst. Ich wette, daß der Dolch
nicht einmal geschliffen ist.

W i r t. Da könntest du doch irren, mein Freund; irgendeinmal kommt ja noch der Tag, wo aus dem Spaß Ernst
wird – und darauf bin ich für alle Fälle vorbereitet.

G r a s s e t. Der Tag ist nah. Wir leben in einer großen Zeit!
Komm, Bürger Lebrêt, wir wollen zu den Unsern. Prospère, leb wohl, du siehst mich als großen Mann wieder
oder nie.

L e b r ê t *(torkelig)*. Als großen Mann ... oder ... nie –
(Sie gehen ab.)

W i r t *(bleibt zurück, setzt sich auf einen Tisch, schlägt eine
Broschüre auf und liest vor sich hin)*. »Jetzt steckt das
Vieh in der Schlinge, erdrosselt es!« – Er schreibt nicht
übel, dieser kleine Desmoulins. »Noch nie hat sich Siegern
eine reichere Beute dargeboten. Vierzigtausend Paläste
und Schlösser, zwei Fünftel aller Güter in Frankreich werden der Lohn der Tapferkeit sein – die sich für Eroberer
halten, werden unterjocht, die Nation wird gereinigt werden.«

(Der Kommissär tritt ein.)

W i r t *(mißt ihn)*. Na, das Gesindel rückt ja heute früh ein?

K o m m i s s ä r. Mein lieber Prospère, mit mir machen Sie
keine Witze; ich bin der Kommissär Ihres Bezirks.

W i r t. Und womit kann ich dienen?

K o m m i s s ä r. Ich bin beauftragt, dem heutigen Abend in Ihrem Lokal beizuwohnen.

W i r t. Es wird mir eine besondere Ehre sein.

K o m m i s s ä r. Es ist nicht darum, mein bester Prospère. Die Behörde will Klarheit haben, was bei Ihnen eigentlich vorgeht. Seit einigen Wochen –

W i r t. Es ist ein Vergnügungslokal, Herr Kommissär, nichts weiter.

K o m m i s s ä r. Lassen Sie mich ausreden. Seit einigen Wochen soll dieses Lokal der Schauplatz wüster Orgien sein.

W i r t. Sie sind falsch berichtet, Herr Kommissär. Man treibt hier Späße, nichts weiter.

K o m m i s s ä r. Damit fängt es an. Ich weiß. Aber es hört anders auf, sagt mein Bericht. Sie waren Schauspieler?

W i r t. Direktor, Herr Kommissär, Direktor einer vorzüglichen Truppe, die zuletzt in Denis spielte.

K o m m i s s ä r. Das ist gleichgültig. Dann haben Sie eine kleine Erbschaft gemacht?

W i r t. Nicht der Rede wert, Herr Kommissär.

K o m m i s s ä r. Ihre Truppe hat sich aufgelöst?

W i r t. Meine Erbschaft nicht minder.

K o m m i s s ä r *(lächelnd)*. Ganz gut. *(Beide lächeln. – Plötzlich ernst.)* Sie haben sich ein Wirtsgeschäft eingerichtet?

W i r t. Das miserabel gegangen ist.

K o m m i s s ä r. – Worauf Sie eine Idee gefaßt haben, der man eine gewisse Originalität nicht absprechen kann.

W i r t. Sie machen mich stolz, Herr Kommissär.

K o m m i s s ä r. Sie haben Ihre Truppe wieder gesammelt und lassen sie hier eine sonderbare und nicht unbedenkliche Komödie spielen.

W i r t. Wäre sie bedenklich, Herr Kommissär, so hätte ich nicht mein Publikum – ich kann sagen, das vornehmste Publikum von Paris. Der Vicomte von Nogeant ist mein täglicher Gast. Der Marquis von Lansac kommt öfters; und der Herzog von Cadignan, Herr Kommissär, ist der eifrigste Bewunderer meines ersten Schauspielers, des berühmten Henri Baston.

K o m m i s s ä r. Wohl auch der Kunst oder der Künste Ihrer Künstlerinnen.

W i r t. Wenn Sie meine kleinen Künstlerinnen kennen würden, Herr Kommissär, würden Sie das niemandem auf der
Welt übelnehmen.

K o m m i s s ä r. Genug. Es ist der Behörde berichtet worden, daß die Belustigungen, welche Ihre – wie soll ich
sagen –

W i r t. Das Wort »Künstler« dürfte genügen.

K o m m i s s ä r. Ich werde mich zu dem Wort »Subjekte«
entschließen – daß die Belustigungen, welche Ihre Subjekte bieten, in jedem Sinne über das Erlaubte hinausgehen. Es sollen hier von Ihren – wie soll ich sagen – von
Ihren künstlichen Verbrechern Reden geführt werden, die
– wie sagt nur mein Bericht? *(Er liest wie schon früher in
einem Notizbuch nach.)* – nicht nur unsittlich, was uns
wenig genieren würde, sondern auch höchst aufrührerisch
zu wirken geeignet sind – was in einer so erregten Epoche, wie die ist, in der wir leben, der Behörde durchaus
nicht gleichgültig sein kann.

W i r t. Herr Kommissär, ich kann auf diese Anschuldigung
nur mit der höflichen Einladung erwidern, sich die
Sache selbst einmal anzusehen. Sie werden bemerken, daß
hier gar nichts Aufrührerisches vorgeht, schon aus dem
Grunde, weil mein Publikum sich nicht aufrühren läßt. Es
wird hier einfach Theater gespielt – das ist alles.

K o m m i s s ä r. Ihre Einladung nehme ich natürlich nicht
an, doch werde ich kraft meines Amtes hierbleiben.

W i r t. Ich glaube, Ihnen die beste Unterhaltung versprechen zu können, Herr Kommissär, doch würde ich mir
den Rat erlauben, daß Sie Ihre Amtstracht ablegen und in
Zivilkleidern hier erscheinen. Wenn man nämlich einen
Kommissär in Uniform hier sähe, würde sowohl die Nai-
vetät meiner Künstler als die Stimmung meines Publi-
kums darunter leiden.

K o m m i s s ä r. Sie haben recht, Herr Prospère, ich werde
mich entfernen und als junger eleganter Mann wiederkehren.

W i r t. Das wird Ihnen leicht sein, Herr Kommissär, auch
als Halunke sind Sie mir willkommen – das würde nicht
auffallen – nur nicht als Kommissär.

K o m m i s s ä r. Adieu. *(Geht.)*

W i r t *(verbeugt sich)*. Wann wird der gesegnete Tag kommen, wo ich dich und deinesgleichen ...

K o m m i s s ä r *(trifft in der Tür mit Grain zusammen, der äußerst zerlumpt ist und erschrickt, wie er den Kommissär sieht. Dieser mißt ihn zuerst, lächelt dann, wendet sich verbindlich zu Prospère)*. Schon einer Ihrer Künstler? ... (Ab.)

G r a i n *(spricht weinerlich, pathetisch)*. Guten Abend.

W i r t *(nachdem er ihn lang angesehen)*. Wenn du einer von meiner Truppe *bist*, so will ich dir meine Anerkennung nicht versagen, denn ich erkenne dich nicht.

G r a i n. Wie meinen Sie?

W i r t. Also keinen Scherz, nimm die Perücke ab, ich möchte doch wissen, wer du bist. *(Er reißt ihn an den Haaren.)*

G r a i n. O weh!

W i r t. Das ist ja echt – Donnerwetter ... wer sind Sie? ... Sie scheinen ja ein wirklicher Strolch zu sein?

G r a i n. Jawohl.

W i r t. Was wollen Sie denn von mir?

G r a i n. Ich habe die Ehre mit dem Bürger Prospère? ... Wirt vom grünen Kakadu?

W i r t. Der bin ich.

G r a i n. Ich nenne mich Grain ... zuweilen Carniche ... in manchen Fällen der schreiende Bimsstein – aber unter dem Namen Grain war ich eingesperrt, Bürger Prospère – und das ist das Wesentliche.

W i r t. Ah – ich verstehe. Sie wollen sich bei mir engagieren lassen und spielen mir gleich was vor. Auch gut. Weiter.

G r a i n. Bürger Prospère, halten Sie mich für keinen Schwindler. Ich bin ein Ehrenmann. Wenn ich sage, daß ich eingesperrt war, so ist es die volle Wahrheit.

W i r t *(sieht ihn mißtrauisch an)*.

G r a i n *(zieht aus dem Rock ein Papier)*. Hier, Bürger Prospère. Sie ersehen daraus, daß ich gestern nachmittags vier Uhr entlassen wurde.

W i r t. Nach einer zweijährigen Haft – Donnerwetter, das ist ja echt –!

G r a i n. Haben Sie noch immer gezweifelt, Bürger Prospère?

Wirt. Was haben Sie denn angestellt, daß man Sie auf zwei Jahre –

Grain. Man hätte mich gehängt; aber zu meinem Glück war ich noch ein halbes Kind, als ich meine arme Tante umbrachte.

Wirt. Ja, Mensch, wie kann man denn seine Tante umbringen?

Grain. Bürger Prospère, ich hätte es nicht getan, wenn die Tante mich nicht mit meinem besten Freunde hintergangen hätte.

Wirt. Ihre Tante?

Grain. Jawohl – sie stand mir näher, als sonst Tanten ihren Neffen zu stehen pflegen. Es waren sonderbare Familienverhältnisse ... ich war verbittert, höchst verbittert. Darf ich Ihnen davon erzählen?

Wirt. Erzählen Sie immerhin, wir werden vielleicht ein Geschäft miteinander machen können.

Grain. Meine Schwester war noch ein halbes Kind, als sie aus dem Hause lief – und was glauben Sie – mit wem? –

Wirt. Es ist schwer zu erraten.

Grain. Mit ihrem Onkel. Und der hat sie sitzenlassen – mit einem Kinde.

Wirt. Mit einem ganzen – will ich hoffen.

Grain. Es ist unzart von Ihnen, Bürger Prospère, über solche Dinge zu scherzen.

Wirt. Ich will Ihnen was sagen, Sie schreiender Bimsstein. Ihre Familiengeschichten langweilen mich. Glauben Sie, ich bin dazu da, mir von einem jeden hergelaufenen Lumpen erzählen zu lassen, wen er umgebracht hat? Was geht mich das alles an? Ich nehme an, Sie wollen irgendwas von mir –

Grain. Jawohl, Bürger Prospère, ich komme, Sie um Arbeit bitten.

Wirt *(höhnisch).* Ich mache Sie aufmerksam, daß es bei mir keine Tanten zu ermorden gibt; es ist ein Vergnügungslokal.

Grain. Oh, ich hab an dem einen Mal genug gehabt. Ich will ein anständiger Mensch werden – man hat mich an Sie gewiesen.

W i r t. Wer, wenn ich fragen darf?

G r a i n. Ein liebenswürdiger junger Mann, den sie vor drei Tagen zu mir in die Zelle gesperrt haben. Jetzt ist er allein. Er heißt Gaston ... und Sie kennen ihn. –

W i r t. Gaston! Jetzt weiß ich, warum ich ihn drei Abende lang vermißt habe. Einer meiner besten Darsteller für Taschendiebe. – Er hat Geschichten erzählt; – ah, man hat sich geschüttelt.

G r a i n. Jawohl. Und jetzt haben sie ihn erwischt!

W i r t. Wieso erwischt? Er hat ja nicht wirklich gestohlen.

G r a i n. Doch. Es muß aber das erstemal gewesen sein, denn er scheint mit einer unglaublichen Ungeschicklichkeit vorgegangen zu sein. Denken Sie – *(vertraulich)* – auf dem Boulevard des Capucines einfach einer Dame in die Tasche gegriffen – und die Börse herausgezogen – ein rechter Dilettant. – Sie flößen mir Vertrauen ein, Bürger Prospère – und so will ich Ihnen gestehn – es war eine Zeit, wo ich auch dergleichen kleine Stückchen aufführte, aber nie ohne meinen lieben Vater. Als ich noch ein Kind war, als wir noch alle zusammen wohnten, als meine arme Tante noch lebte –

W i r t. Was jammern Sie denn? Ich finde das geschmacklos! Hätten Sie sie nicht umgebracht!

G r a i n. Zu spät. Aber worauf ich hinaus wollte – nehmen Sie mich bei sich auf. Ich will den umgekehrten Weg machen wie Gaston. Er hat den Verbrecher gespielt und ist einer geworden – ich ...

W i r t. Ich will's mit Ihnen probieren. Sie werden schon durch Ihre Maske wirken. Und in einem gegebenen Moment werden Sie einfach die Sache mit der Tante erzählen. Wie's war. Irgendwer wird Sie schon fragen.

G r a i n. Ich danke Ihnen, Bürger Prospère. Und was meine Gage anbelangt –

W i r t. Heute gastieren Sie auf Engagement, da kann ich Ihnen noch keine Gage zahlen. – Sie werden gut zu essen und zu trinken bekommen ... und auf ein paar Francs für ein Nachtlager soll's mir auch nicht ankommen.

G r a i n. Ich danke Ihnen. Und bei Ihren anderen Mitgliedern stellen Sie mich einfach als einen Gast aus der Provinz vor.

W i r t. Ah nein ... denen sagen wir gleich, daß Sie ein wirklicher Mörder sind. Das wird ihnen viel lieber sein.

G r a i n. Entschuldigen Sie, ich will ja gewiß nichts gegen mich vorbringen – aber das versteh ich nicht.

W i r t. Wenn Sie länger beim Theater sind, werden Sie das schon verstehen.

(Scaevola und Jules treten ein.)

S c a e v o l a. Guten Abend, Direktor!

W i r t. Wirt ... Wie oft soll ich dir noch sagen, der ganze Spaß geht flöten, wenn du mich »Direktor« nennst.

S c a e v o l a. Was immer du seist, ich glaube, wir werden heute nicht spielen.

W i r t. Warum denn?

S c a e v o l a. Die Leute werden nicht in der Laune sein – –. Es ist ein Höllenlärm in den Straßen, und insbesondere vor der Bastille schreien sie wie die Besessenen.

W i r t. Was geht das uns an? Seit Monaten ist das Geschrei, und unser Publikum ist uns nicht ausgeblieben. Es amüsiert sich wie früher.

S c a e v o l a. Ja, es hat die Lustigkeit von Leuten, die nächstens gehenkt werden.

W i r t. Wenn ich's nur erlebe!

S c a e v o l a. Vorläufig gib uns was zu trinken, damit ich in Stimmung komme. Ich bin heut durchaus nicht in Stimmung.

W i r t. Das passiert dir öfter, mein Lieber. Ich muß dir sagen, daß ich gestern durchaus unzufrieden mit dir war.

S c a e v o l a. Wieso, wenn ich fragen darf?

W i r t. Die Geschichte von dem Einbruch, die du zum Besten gegeben hast, war einfach läppisch.

S c a e v o l a. Läppisch?

W i r t. Jawohl. Vollkommen unglaubwürdig. Das Brüllen allein tut's nicht.

S c a e v o l a. Ich habe nicht gebrüllt.

W i r t. Du brüllst ja immer. Es wird wahrhaftig notwendig werden, daß ich die Sachen mit euch einstudiere. Auf euere Einfälle kann man sich nicht verlassen. Henri ist der einzige.

S c a e v o l a. Henri und immer Henri. Henri ist ein Ku-

lissenreißer. Der Einbruch von gestern war ein Meister-
stück. So was bringt Henri sein Lebtag nicht zusammen. –
Wenn dir dich nicht genüge, mein Lieber, so geh ich einfach
zu einem ordentlichen Theater. Hier ist ja doch nur eine
Schmiere ... Ah ... *(Bemerkt Grain.)* Wer ist denn das?
... Der gehört ja nicht zu uns? Hast du vielleicht einen
neu engagiert? Was hat der Kerl für Maske?

W i r t. Beruhige dich, es ist kein Schauspieler von Beruf. Es
ist ein wirklicher Mörder.

S c a e v o l a. Ach so ... *(Geht auf ihn zu.)* Sehr erfreut,
Sie kennenzulernen. Scaevola ist mein Name.

G r a i n. Ich heiße Grain.

*(Jules ist die ganze Zeit in der Schenke herumgegangen,
manchmal auch stehengeblieben, wie ein innerlich Gequälter.)*

W i r t. Was ist denn mit dir, Jules?

J u l e s. Ich memoriere.

W i r t. Was denn?

J u l e s. Gewissensbisse. Ich mache heute einen, der Gewissensbisse hat. Sieh mich an. Was sagst du zu der Falte hier
auf der Stirn? Seh ich nicht aus, als wenn alle Furien der
Hölle ...*(Geht auf und ab.)*

S c a e v o l a *(brüllt).* Wein – Wein her!

W i r t. Beruhige dich ... es ist ja noch kein Publikum da.

(Henri und Léocadie kommen.)

H e n r i. Guten Abend! *(Er begrüßt die Hintensitzenden
mit einer leichten Handbewegung.)* Guten Abend, meine
Herren!

W i r t. Guten Abend, Henri! Was seh ich! Mit Léocadie!

G r a i n *(hat Léocadie aufmerksam betrachtet; zu Scaevola).* Die kenn ich ja ... *(Spricht leise mit den anderen.)*

L é o c a d i e. Ja, mein lieber Prospère, ich bin's!

W i r t. Ein Jahr lang hab ich dich nicht gesehen. Laß dich
begrüßen. *(Er will sie küssen.)*

H e n r i. Laß das! – *(Sein Blick ruht öfters auf Léocadie
mit Stolz, Leidenschaft, aber auch mit einer gewissen
Angst.)*

W i r t. Aber Henri ... Alte Kollegen! ... Dein einstiger
Direktor, Léocadie!

L é o c a d i e. Wo ist die Zeit, Prospère! ...

W i r t. Was seufzest du! Wenn eine ihren Weg gemacht hat,
so bist du's! Freilich ein schönes junges Weib hat's immer
leichter als wir.

H e n r i *(wütend)*. Laß das.

W i r t. Was schreist du denn immer so mit mir? Weil du
wieder einmal mit ihr beisammen bist?

H e n r i. Schweig! – Sie seit gestern meine Frau.

W i r t. Deine...? *(Zu Léocadie.)* Macht er einen Spaß?

L é o c a d i e. Er hat mich wirklich geheiratet. Ja. –

W i r t. So gratulier ich. Na... Scaevola, Jules – Henri
hat geheiratet.

S c a e v o l a *(kommt nach vorn)*. Meinen Glückwunsch!
(Zwinkert Léocadie zu.)

J u l e s *(drückt gleichfalls beiden die Hand)*.

G r a i n *(zum Wirt)*. Ah, wie sonderbar – diese Frau hab
ich gesehn... ein paar Minuten, nachdem ich wieder frei
war.

W i r t. Wieso?

G r a i n. Es war die erste schöne Frau, die ich nach zwei
Jahren gesehen habe. Ich war sehr bewegt. Aber es war
ein anderer Herr, mit dem – *(spricht weiter mit dem
Wirt)*.

H e n r i *(in einem hochgestimmten Ton, wie begeistert, aber
nicht deklamatorisch)*. Léocadie, meine Geliebte, mein
Weib!... Nun ist alles vorbei, was einmal war. In einem
solchen Augenblick löscht vieles aus.

*(Scaevola und Jules sind nach hinten gegangen, Wirt wieder
vorn.)*

W i r t. Was für ein Augenblick?

H e n r i. Nun sind wir durch ein heiliges Sakrament vereinigt. Das ist mehr als menschliche Schwüre sind. Jetzt
ist Gott über uns, man darf alles vergessen, was vorher
geschehen ist. Léocadie, eine neue Zeit bricht an. Léocadie, alles wird heilig, unsere Küsse, so wild sie sein mö-
gen, sind von nun an heilig. Léocadie, meine Geliebte,
mein Weib!... *(Er betrachtet sie mit einem glühenden
Blick.)* Hat sie nicht einen anderen Blick, Prospère, als du
ihn früher an ihr kanntest? Ist ihre Stirn nicht rein? Was
war, ist ausgelöscht. Nicht wahr, Léocadie?

L é o c a d i e. Gewiß, Henri.

H e n r i. Und alles ist gut. Morgen verlassen wir Paris,
Léocadie tritt heute zum letzten Male in der Porte St.
Martin auf, und ich spiele heute das letztemal bei dir.
W i r t *(betroffen)*. Bist du bei Trost, Henri? – Du willst
mich verlassen? Und dem Direktor der Porte St. Martin
wird's doch nicht einfallen, Léocadie ziehen zu lassen?
Sie macht ja das Glück seines Hauses. Die jungen Herren
strömen ja hin, wie man sagt.
H e n r i. Schweig. Léocadie wird mit mir gehen. Sie wird
mich nie verlassen. Sag mir, daß du mich nie verlassen
wirst, Léocadie. *(Brutal.)* Sag's mir!
L é o c a d i e. Ich werde dich nie verlassen!
H e n r i. Tätest du's, ich würde dich ... *(Pause.)* Ich habe
dieses Leben satt. Ich will Ruhe, Ruhe will ich haben.
W i r t. Aber was willst du denn tun, Henri? Es ist ja lächerlich. Ich will dir einen Vorschlag machen. Nimm Léocadie meinethalben von der Porte St. Martin fort – aber
sie soll hier, bei mir bleiben. Ich engagiere sie. Es fehlt mir
sowieso an talentierten Frauenspersonen.
H e n r i. Mein Entschluß ist gefaßt, Prospère. Wir verlassen die Stadt. Wir gehen aufs Land hinaus.
W i r t. Aufs Land? Wohin denn?
H e n r i. Zu meinem alten Vater, der allein in unserem armen Dorf lebt – den ich seit sieben Jahren nicht gesehen
habe. Er hat kaum mehr gehofft, seinen verlorenen Sohn
wiederzusehen. Er wird mich mit Freuden aufnehmen.
W i r t. Was willst du auf dem Lande tun? Auf dem Lande
verhungert man. Da geht's den Leuten noch tausendmal
schlechter als in der Stadt. Was willst du denn dort machen? Du bist nicht der Mann dazu, die Felder zu bebauen.
Bilde dir das nicht ein.
H e n r i. Es wird sich zeigen, daß ich auch dazu der Mann
bin.
W i r t. Es wächst bald kein Korn mehr in ganz Frankreich.
Du gehst ins sichere Elend.
H e n r i. Ins Glück, Prospère. Nicht wahr, Léocadie? Wir
haben oft davon geträumt. Ich sehne mich nach dem Frieden der weiten Ebene. Ja, Prospère, in meinen Träumen
seh ich mich mit ihr abends über die Felder gehn, in einer
unendlichen Stille, den wunderbaren tröstlichen Himmel

über uns. Ja, wir fliehen diese schreckliche und gefährliche
Stadt, der große Friede wird über uns kommen. Nicht
wahr, Léocadie, wir haben es oft geträumt.

L é o c a d i e. Ja, wir haben es oft geträumt.

W i r t. Höre, Henri, du solltest es dir überlegen. Ich will
dir deine Gage gerne erhöhen, und Léocadie will ich ebensoviel geben als dir.

L é o c a d i e. Hörst du, Henri?

W i r t. Ich weiß wahrhaftig nicht, wer dich hier ersetzen
soll. Keiner von meinen Leuten hat so köstliche Einfälle
als du, keiner ist bei meinem Publikum so beliebt als
du ... Geh nicht fort!

H e n r i. Das glaub ich wohl, daß mich niemand ersetzen
wird.

W i r t. Bleib bei mir, Henri! *(Wirft Léocadie einen Blick
zu, sie deutet an, daß sie's schon machen wird.)*

H e n r i. Und ich verspreche dir, der Abschied wird ihnen
schwer werden – *ihnen*, nicht mir. Für heute – für mein
letztes Auftreten hab ich mir was zurechtgelegt, daß es sie
alle schaudern wird ... eine Ahnung von dem Ende ihrer
Welt wird sie anwehen ... denn das Ende ihrer Welt ist
nahe. Ich aber werd es nur mehr von fern erleben ... man
wird es uns draußen erzählen, Léocadie, viele Tage später, als es geschehen ... Aber sie werden schaudern, sag ich
dir. Und du selbst wirst sagen: So gut hat Henri nie gespielt.

W i r t. Was wirst du spielen? Was? Weißt du's, Léocadie?

L é o c a d i e. Ich weiß ja nie etwas.

H e n r i. Ahnt denn irgendeiner, was für ein Künstler in
mir steckt?

W i r t. Gewiß ahnt man es, drum sag ich ja, daß man sich
mit einem solchen Talent nicht aufs Land vergräbt. Was
für ein Unrecht an dir! An der Kunst!

H e n r i. Ich pfeife auf die Kunst. Ich will Ruhe. Du begreifst das nicht, Prospère, du hast nie geliebt.

W i r t. Oh! –

H e n r i. Wie *ich* liebe. – Ich will mit ihr allein sein – das
ist es ... Léocadie, nur so können wir alles vergessen.
Aber dann werden wir so glücklich sein, wie nie Menschen gewesen sind. Wir werden Kinder haben, du wirst

eine gute Mutter werden, Léocadie, und ein braves Weib.
Alles, alles wird ausgelöscht sein. *(Große Pause.)*

L é o c a d i e. Es wird spät, Henri, ich muß ins Theater.
Leb wohl, Prospère, ich freue mich, endlich einmal deine
berühmte Bude gesehen zu haben, wo Henri solche Triumphe feiert.

W i r t. Warum bist du denn nie hergekommen?

L é o c a d i e. Henri hat's nicht haben wollen – na, weißt
du, wegen der jungen Leute, mit denen ich da sitzen
müßte.

H e n r i *(ist nach rückwärts gegangen)*. Gib mir einen
Schluck, Scaevola. *(Er trinkt.)*

W i r t *(zu Léocadie, da ihn Henri nicht hört)*. Ein rechter
Narr, der Henri – wenn du nur immer mit ihnen gesessen wärst.

L é o c a d i e. Du, solche Bemerkungen verbitt ich mir.

W i r t. Ich rate dir, gib acht, du blöde Kanaille. Er wird
dich einmal umbringen.

L é o c a d i e. Was gibt's denn?

W i r t. Schon gestern hat man dich wieder mit einem deiner
Kerle gesehen.

L é o c a d i e. Das war kein Kerl, du Dummkopf, das
war ...

H e n r i *(wendet sich rasch)*. Was habt ihr? Keine Späße,
wenn's beliebt. Aus mit dem Flüstern. Es gibt keine Ge-
heimnisse mehr. Sie ist meine Frau.

W i r t. Was hast du ihr denn zum Hochzeitsgeschenk gemacht?

L é o c a d i e. Ach Gott, an solche Dinge denkt er nicht.

H e n r i. Nun, du sollst es noch heute bekommen.

L é o c a d i e. Was denn?

S c a e v o l a ,   J u l e s. Was gibst du ihr?

H e n r i *(ganz ernst)*. Wenn du mit deiner Szene zu Ende
bist, darfst du hierherkommen und mich spielen sehen.
(Man lacht.)

H e n r i. Nie hat eine Frau ein prächtigeres Hochzeitsgeschenk bekommen. Komm, Léocadie; auf Wiedersehen,
Prospère, ich bin bald wieder zurück. *(Henri und Léocadie ab.)*

(Es treten zugleich ein: François Vicomte von Nogeant, Albin Chevalier de la Tremouille.)

S c a e v o l a. Was für ein erbärmlicher Aufschneider.

W i r t. Guten Abend, ihr Schweine. *(Albin schreckt zurück.)*

F r a n ç o i s *(ohne darauf zu achten).* War das nicht die kleine Léocadie von der Porte St. Martin, die da mit Henri wegging?

W i r t. Freilich war sie's. Was? – Die könnte am Ende sogar dich erinnern, daß du noch so was wie ein Mann bist, wenn sie sich große Mühe gäbe.

F r a n ç o i s *(lachend).* Es wäre nicht unmöglich. Wir kommen heute etwas zu früh, wie mir scheint?

W i r t. Du kannst dir ja unterdes mit deinem Lustknaben die Zeit vertreiben. *(Albin will auffahren.)*

F r a n ç o i s. So laß doch. Ich hab dir ja gesagt, wie's hier zugeht. Bring uns Wein.

W i r t. Ja, das will ich. Es wird schon die Zeit kommen, wo ihr mit Seinewasser sehr zufrieden sein werdet.

F r a n ç o i s. Gewiß, gewiß ... aber für heute möchte ich um Wein gebeten haben, und zwar um den besten. *(Wirt zum Schanktisch.)*

A l b i n. Das ist ja ein schauerlicher Kerl.

F r a n ç o i s. Denk doch, daß alles Spaß ist. Und dabei gibt es Orte, wo du ganz ähnliche Dinge im Ernst hören kannst.

A l b i n. Ist denn es nicht verboten?

F r a n ç o i s *(lacht).* Man merkt, daß du aus der Provinz kommst.

A l b i n. Ah, bei uns geht's auch recht nett zu in der letzten Zeit. Die Bauern werden in einer Weise frech ... man weiß nicht mehr, wie man sich helfen soll.

F r a n ç o i s. Was willst du? Die armen Teufel sind hungrig; das ist das Geheimnis.

A l b i n. Was kann denn ich dafür? Was kann denn mein Großonkel dafür?

F r a n ç o i s. Wie kommst du auf deinen Großonkel?

A l b i n. Ja, ich komme darauf, weil sie nämlich in unserem Dorf eine Versammlung abgehalten haben – ganz öffentlich – und da haben sie meinen Großonkel, den Grafen

von Tremouille, ganz einfach einen Kornwucherer ge-
nannt.

F r a n ç o i s. Das ist alles ...?

A l b i n. Na, ich bitte dich!

F r a n ç o i s. Wir wollen morgen einmal ins Palais Royal,
da sollst du hören, was die Kerle für lasterhafte Reden
führen. Aber wir lassen sie reden; es ist das beste, was
man tun kann; im Grunde sind es gute Leute, man muß
sie auf diese Weise austoben lassen.

A l b i n *(auf Scaevola usw. deutend)*. Was sind das für
verdächtige Subjekte? Sieh nur, wie sie einen anschauen.
(Er greift nach seinem Degen.)

F r a n ç o i s *(zieht ihm die Hand weg)*. Mach dich nicht
lächerlich! *(Zu den Dreien.)* Ihr braucht noch nicht an-
zufangen, wartet, bis mehr Publikum da ist. *(Zu Albin.)*
Es sind die anständigsten Leute von der Welt, Schauspieler. Ich garantiere dir, daß du schon mit ärgeren Gaunern
an einem Tisch gesessen bist.

A l b i n. Aber sie waren besser angezogen. *(Wirt bringt
Wein.)*

(Michette und Flipotte kommen.)

F r a n ç o i s. Grüß euch Gott, Kinder, kommt, setzt euch
da zu uns.

M i c h e t t e. Da sind wir schon. Komm nur, Flipotte. Sie
ist noch etwas schüchtern.

F l i p o t t e. Guten Abend, junger Herr!

A l b i n. Guten Abend, meine Damen!

M i c h e t t e. Der Kleine ist lieb. *(Sie setzt sich auf den
Schoß Albins.)*

A l b i n. Also bitte, erkläre mir, François, sind das anständige Frauen?

M i c h e t t e. Was sagt er?

F r a n ç o i s. Nein, so ist das nicht, die Damen, die hierher kommen – Gott, bist du dumm, Albin!

W i r t. Was darf ich den Herzoginnen bringen?

M i c h e t t e. Bring mir einen recht süßen Wein.

F r a n ç o i s *(auf Flipotte deutend)*. Eine Freundin?

M i c h e t t e. Wir wohnen zusammen. Ja, wir haben zusammen nur ein Bett!

Flipotte *(errötend).* Wird dir das sehr unangenehm sein, wenn du zu ihr kommst? *(Setzt sich auf François' Schoß.)*

Albin. Die ist ja gar nicht schüchtern.

Scaevola *(steht auf, düster, zu dem Tisch der jungen Leute).* Hab ich dich endlich wieder! *(Zu Albin.)* Und du miserabler Verführer, wirst du schaun, daß du ... Sie ist mein! *(Wirt sieht zu.)*

François *(zu Albin).* Spaß, Spaß ...

Albin. Sie ist nicht sein –?

Michette. Geh, laß mich doch sitzen, wo's mir beliebt. *(Scaevola steht mit geballten Fäusten da.)*

Wirt *(hinter ihm).* Nun, nun!

Scaevola. Ha, ha!

Wirt *(faßt ihn beim Kragen).* Ha, ha! *(Beiseite zu ihm.)* Sonst fällt dir nichts ein! Nicht für einen Groschen Talent hast du. Brüllen. Das ist das einzige, was du kannst.

Michette *(zu François).* Er hat es neulich besser gemacht –

Scaevola *(zum Wirt).* Ich bin noch nicht in Stimmung. Ich mach es später noch einmal, wenn mehr Leute da sind; du sollst sehen, Prospère; ich brauche Publikum.

(Der Herzog von Cadignan tritt ein.)

Herzog. Schon höchst bewegt! *(Michette und Flipotte auf ihn zu.)*

Michette. Mein süßer Herzog!

François. Guten Abend, Emile! ... *(Stellt vor.)* Mein junger Freund Albin Chevalier von Tremouille – der Herzog von Cadignan.

Herzog. Ich bin sehr erfreut, Sie kennenzulernen. *(Zu den Mädchen, die an ihm hängen.)* Laßt mich, Kinder! – *(Zu Albin.)* Sie sehen sich auch dieses komische Wirtshaus an?

Albin. Es verwirrt mich aufs höchste!

François. Der Chevalier ist erst vor ein paar Tagen in Paris angekommen.

Herzog *(lachend.)* Da haben Sie sich eine nette Zeit ausgesucht.

Albin. Wieso?

Michette. Was er wieder für einen Parfüm hat! Es gibt

überhaupt keinen Mann in Paris, der so angenehm duftet.
(Zu Albin.) . . . So merkt man das nicht.

H e r z o g. Sie spricht nur von den siebenhundert oder acht-
hundert, die sie so gut kennt wie mich.

F l i p o t t e. Erlaubst du, daß ich mit deinem Degen spiele?
– *(Sie zieht ihm den Degen aus der Scheide und läßt ihn
hin und her funkeln.)*

G r a i n *(zum Wirt)*. Mit dem! . . . Mit dem hab ich sie gesehn! – *(Wirt läßt sich erzählen, scheint erstaunt.)*

H e r z o g. Henri ist noch nicht da? *(Zu Albin.)* Wenn Sie
den sehen werden, werden Sie's nicht bereuen, hierher-
gekommen zu sein.

W i r t *(zum Herzog)*. Na, bist du auch wieder da? Das
freut mich. Lang werden wir ja das Vergnügen nicht mehr
haben.

H e r z o g. Warum? Mir behagt's sehr gut bei dir.

W i r t. Das glaub ich. Aber da du auf alle Fälle einer der
ersten sein wirst . . .

A l b i n. Was bedeutet das?

W i r t. Du verstehst mich schon. – Die ganz Glücklichen
kommen zuerst dran! . . . *(Geht nach rückwärts.)*

H e r z o g *(nach einem Sinnen)*. Wenn ich der König wäre,
würde ich ihn zu meinem Hofnarren machen, das heißt,
ich würde mir viele Hofnarren halten, aber er wäre einer
davon.

A l b i n. Wie hat er das gemeint, daß Sie zu glücklich sind?

H e r z o g. Er meint, Chevalier . . .

A l b i n. Ich bitte, sagen Sie mir nicht Chevalier. Alle nennen mich Albin, einfach Albin, weil ich nämlich so jung
ausschaue.

H e r z o g *(lächelnd)*. Schön . . . aber da müssen Sie mir
Emile sagen, ja?

A l b i n. Wenn Sie erlauben, gern, Emile.

H e r z o g. Sie werden unheimlich witzig, diese Leute.

F r a n ç o i s. Warum unheimlich? Mich beruhigt das sehr.
Solange das Gesindel zu Späßen aufgelegt ist, kommt's
doch nicht zu was Ernstem.

H e r z o g. Es sind nur gar zu sonderbare Witze. Da hab
ich heute wieder eine Sache erfahren, die gibt zu denken.

F r a n ç o i s. Erzählen Sie.

Flipotte, Michette. Ja, erzähle, süßer Herzog!

Herzog. Kennen Sie Lelange?

François. Freilich – das Dorf ... der Marquis von Montferrat hat dort eine seiner schönsten Jagden.

Herzog. Ganz richtig; mein Bruder ist jetzt bei ihm auf dem Schloß, und der schreibt mir eben die Sache, die ich Ihnen erzählen will. In Lelange haben sie einen Bürgermeister, der sehr unbeliebt ist.

François. Wenn Sie mir einen nennen können, der beliebt ist –

Herzog. Hören Sie nur. – Da sind die Frauen des Dorfes vor das Haus des Bürgermeisters gezogen – mit einem Sarg ...

Flipotte. Wie? ... Sie haben ihn getragen? Einen Sarg getragen? Nicht um die Welt möcht' ich einen Sarg tragen.

François. Schweig doch – es verlangt ja niemand von dir, daß du einen Sarg trägst. *(Zum Herzog.)* Nun?

Herzog. Und ein paar von den Weibern sind darauf in die Wohnung des Bürgermeisters und haben ihm erklärt, er müsse sterben – aber man werde ihm die Ehre erweisen, ihn zu begraben. –

François. Nun, hat man ihn umgebracht?

Herzog. Nein – wenigstens schreibt mir mein Bruder nichts davon.

François. Nun also! ... Schreier, Schwätzer, Hanswürste – das sind sie. Heut brüllen sie in Paris zur Abwechslung die Bastille an – wie sie's schon ein halbes dutzendmal getan ...

Herzog. Nun – wenn ich der König wäre, ich hätte ein Ende gemacht ... längst ...

Albin. Ist es wahr, daß der König so gütig ist?

Herzog. Sie sind Seiner Majestät noch nicht vorgestellt?

François. Der Chevalier ist ja das erstemal in Paris.

Herzog. Ja, Sie sind unglaublich jung. Wie alt, wenn man fragen darf?

Albin. Ich sehe nur so jung aus, ich bin schon siebzehn ...

Herzog. Siebzehn – wieviel liegt noch vor Ihnen. Ich bin schon vierundzwanzig ... ich fange an zu bereuen, wieviel von meiner Jugend ich versäumt habe.

François *(lacht)*. Das ist gut! Sie, Herzog ... für Sie ist doch jeder Tag verloren, an dem Sie nicht eine Frau erobert oder einen Mann totgestochen haben.

Herzog. Das Unglück ist nur, daß man beinah nie die richtige erobert – und immer den unrichtigen totsticht. Und so versäumt man seine Jugend doch. Es ist ganz, wie Rollin sagt.

François. Was sagt Rollin?

Herzog. Ich dachte an sein neues Stück, das sie in der Comédie geben – da kommt so ein hübscher Vergleich vor. Erinnern Sie sich nicht?

François. Ich habe gar kein Gedächtnis für Verse –

Herzog. Ich leider auch nicht ... ich erinnere mich nur an den Sinn ... Er sagt, die Jugend, die man nicht genießt, ist wie ein Federball, den man im Sand liegen läßt, statt ihn in die Luft zu schnellen.

Albin *(altklug)*. Das find ich sehr richtig.

Herzog. Nicht wahr? – Die Federn werden allmählich doch farblos, fallen aus. Es ist noch besser, er fällt in ein Gebüsch, wo man ihn nicht wiederfindet.

Albin. Wie ist das zu verstehen, Emile?

Herzog. Es ist mehr zu empfinden. Wenn ich die Verse wüßte, verstünden Sie's übrigens gleich.

Albin. Es kommt mir vor, Emile, als könnten Sie auch Verse machen, wenn Sie nur wollten.

Herzog. Warum?

Albin. Seit Sie hier sind, scheint es mir, als wenn das Leben aufflammte –

Herzog *(lächelnd)*. Ja? Flammt es auf?

François. Wollen Sie sich nicht endlich zu uns setzen?

(Unterdessen kommen zwei Adelige und setzen sich an einen etwas entfernten Tisch; der Wirt scheint ihnen Grobheiten zu sagen.)

Herzog. Ich kann nicht hier bleiben. Aber ich komme jedenfalls noch einmal zurück.

Michette. Bleib bei mir!

Flipotte. Nimm mich mit! *(Sie wollen ihn halten.)*

Wirt *(nach vorn)*. Laßt ihn nur! Ihr seid ihm noch lang nicht schlecht genug. Er muß zu einer Straßendirne laufen, dort ist ihm am wohlsten.

H e r z o g. Ich komme ganz bestimmt zurück, schon um
Henri nicht zu versäumen.

F r a n ç o i s. Denken Sie, als wir kamen, ging Henri eben
mit Léocadie fort.

H e r z o g. So. – Er hat sie geheiratet. Wißt ihr das?

F r a n ç o i s. Wahrhaftig? – Was werden die andern dazu
sagen?

A l b i n. Was für andern?

F r a n ç o i s. Sie ist nämlich allgemein beliebt.

H e r z o g. Und er will mit ihr fort... was weiß ich...
man hat's mir erzählt.

W i r t. So? hat man's dir erzählt? – *(Blick auf den Herzog.)*

H e r z o g *(Blick auf den Wirt, dann).* Es ist zu dumm.
Léocadie ist geschaffen, die größte, die herrlichste Dirne
der Welt zu sein.

F r a n ç o i s. Wer weiß das nicht?

H e r z o g. Gibt es etwas Unverständigeres als jemanden
seinem wahren Beruf entziehen? *(Da François lacht.)* Ich
meine das nicht im Scherz. Auch zur Dirne muß man ge-
boren sein – wie zum Eroberer oder zum Dichter.

F r a n ç o i s. Sie sind paradox.

H e r z o g. Es tut mir leid um sie – und um Henri. Er sollte
hier bleiben – nicht *hier* – ich möchte ihn in die Comédie bringen – obwohl auch dort – mir ist immer, als verstünd' ihn keiner so ganz wie ich. Das kann übrigens eine
Täuschung sein – denn ich habe diese Empfindung den
meisten Künstlern gegenüber. Aber ich muß sagen, wär'
ich nicht der Herzog von Cadignan, so möcht' ich gern
ein solcher Komödiant – ein solcher ...

A l b i n. Wie Alexander der Große ...

H e r z o g *(lächelnd).* Ja – wie Alexander der Große. *(Zu
Flipotte.)* Gib mir meinen Degen. *(Er steckt ihn in die
Scheide. Langsam.)* Es ist doch die schönste Art, sich über
die Welt lustig zu machen; einer, der uns vorspielen kann,
was er will, ist doch mehr als wir alle.

A l b i n *(betrachtet ihn verwundert).*

H e r z o g. Denken Sie nicht nach über das, was ich sage:
Es ist alles nur im selben Augenblick wahr. – Auf Wiedersehen!

M i c h e t t e. Gib mir einen Kuß, bevor du gehst!

F l i p o t t e. Mir auch!
*(Sie hängen sich an ihn, der Herzog küßt beide zugleich und
    geht. – Währenddem:)*
A l b i n. Ein wunderbarer Mensch! . . .
F r a n ç o i s. Das ist schon wahr . . . aber daß solche Men-
schen existieren, ist beinah ein Grund, nicht zu heiraten.
A l b i n. Erklär mir im übrigen, was das für Frauenzim-
mer sind.
F r a n ç o i s. Schauspielerinnen. Sie sind auch von der
Truppe Prospère, der jetzt der Spelunkenwirt ist. Freilich
haben sie früher nicht viel anderes gemacht als jetzt.

    (Guillaume stürzt herein, wie atemlos.)

G u i l l a u m e *(zum Tisch hin, wo die Schauspieler sitzen,
    die Hand ans Herz, mühselig, sich stützend).* Gerettet, ja,
    gerettet!
S c a e v o l a. Was gibt's, was hast du?
A l b i n. Was ist dem Mann geschehn?
F r a n ç o i s. Das ist jetzt Schauspiel. Paß auf!
A l b i n. Ah –?
M i c h e t t e, F l i p o t t e *(rasch zu Guillaume hin).* Was
    gibt's? Was hast du?
S c a e v o l a. Setz dich, nimm einen Schluck!
G u i l l a u m e. Mehr! mehr! . . . Prospère, mehr Wein! – –
Ich bin gelaufen! Mir klebt die Zunge. Sie waren mir auf
den Fersen.
J u l e s *(fährt zusammen).* Ah, gebt acht, sie sind uns über-
haupt auf den Fersen.
W i r t. So erzähl doch endlich, was ist denn passiert? . . .
(Zu den Schauspielern.) Bewegung! Mehr Bewegung!
G u i l l a u m e. Weiber her . . . Weiber! – Ah – *(Umarmt
Flipotte.)* Das bringt einen auch wieder zum Leben! *(Zu
Albin, der höchst betroffen ist.)* Der Teufel soll mich ho-
len, mein Junge, wenn ich gedacht habe, ich werde dich
lebendig wiedersehn . . . *(Als wenn er lauschte.)* Sie kom-
men, sie kommen! – *(Zur Tür hin.)* Nein, es ist nichts. –
Sie . . .
A l b i n. Wie sonderbar! . . . Es ist wirklich ein Lärm, wie
wenn Leute draußen sehr rasch vorbeijagten. Wird das
auch von hier aus geleitet?

S c a e v o l a *(zu Jules).* Jedesmal hat er die Nuance ... es ist zu dumm! –

W i r t. So sag uns doch endlich, warum sie dir wieder auf den Fersen sind.

G u i l l a u m e. Nichts Besonderes. Aber wenn sie mich hätten, würde es mir doch den Kopf kosten – ein Haus hab ich angezündet.

(Während dieser Szene kommen wieder junge Adelige, die an den Tischen Platz nehmen.)

W i r t *(leise).* Weiter, weiter!

G u i l l a u m e *(ebenso).* Was weiter? Genügt das nicht, wenn ich ein Haus angezündet habe?

F r a n ç o i s. Sag mir doch, mein Lieber, warum du das Haus angezündet hast.

G u i l l a u m e. Weil der Präsident des obersten Gerichtshofes darin wohnt. Mit dem wollten wir anfangen. Wir wollen den guten Pariser Hausherren die Lust nehmen, Leute in ihr Haus zu nehmen, die uns arme Teufel ins Zuchthaus bringen.

G r a i n. Das ist gut! Das ist gut!

G u i l l a u m e *(betrachtet Grain und staunt; spricht dann weiter).* Die Häuser müssen alle dran. Noch drei Kerle wie ich, und es gibt keine Richter mehr in Paris!

G r a i n. Tod den Richtern!

J u l e s. Ja ... es gibt doch vielleicht einen, den wir nicht vernichten können.

G u i l l a u m e. Den möcht' ich kennenlernen.

J u l e s. Den Richter in uns.

W i r t *(leise).* Das ist abgeschmackt. Laß das. Scaevola! Brülle! Jetzt ist der Moment!

S c a e v o l a. Wein her, Prospère, wir wollen auf den Tod aller Richter in Frankreich trinken!

(Während der letzten Worte traten ein: Der Marquis von Lansac mit seiner Frau Séverine, Rollin, der Dichter.)

S c a e v o l a. Tod allen, die heute die Macht in Händen haben! Tod!

M a r q u i s. Sehen Sie, Séverine, so empfängt man uns.

R o l l i n. Marquise, ich hab Sie gewarnt.

S é v e r i n e. Warum?

F r a n ç o i s *(steht auf).* Was seh ich! Die Marquise! Erlauben Sie, daß ich Ihnen die Hand küsse. Guten Abend, Marquis! Grüß Gott, Rollin! Marquise, Sie wagen sich in dieses Lokal!

S é v e r i n e. Man hat mir soviel davon erzählt. Und außerdem sind wir heute schon in Abenteuern drin – nicht wahr, Rollin?

M a r q u i s. Ja, denken Sie, Vicomte – was glauben Sie, woher wir kommen? – Von der Bastille.

F r a n ç o i s. Machen sie dort noch immer so einen Spektakel?

S é v e r i n e. Ja freilich! – Es sieht aus, wie wenn sie sie einrennen wollten.

R o l l i n *(deklamiert).*
>   Gleich einer Flut, die an die Ufer brandet,
>   Und tief ergrimmt, daß ihr das eigne Kind,
>   Die Erde widersteht –

S é v e r i n e. Nicht, Rollin! – Wir haben dort unsern Wagen in der Nähe halten lassen. Es ist ein prächtiger Anblick; Massen haben doch immer was Großartiges.

F r a n ç o i s. Ja, ja, wenn sie nur nicht so übel riechen würden.

M a r q u i s. Und nun hat mir meine Frau keine Ruhe gegeben ... ich mußte sie hierher führen.

S é v e r i n e. Also was gibt's denn da eigentlich Besonderes?

W i r t *(zu Lansac).* Na, bist du auch da, verdorrter Halunke? Hast du dein Weib mitgebracht, weil sie dir zu Haus nicht sicher genug ist?

M a r q u i s *(gezwungen lachend).* Er ist ein Original!

W i r t. Gib nur acht, daß sie dir nicht gerade hier weggefischt wird. Solche vornehme Damen kriegen manchmal eine verdammte Lust, es mit einem richtigen Strolch zu versuchen.

R o l l i n. Ich leide unsäglich, Séverine.

M a r q u i s. Mein Kind, ich habe Sie vorbereitet – es ist noch immer Zeit, daß wir gehen.

S é v e r i n e. Was wollen Sie denn? Ich finde es reizend. Setzen wir uns doch endlich nieder!

F r a n ç o i s. Erlauben Sie, Marquise, daß ich Ihnen den

Chevalier de la Tremouille vorstelle. Er ist auch das erstemal hier. Der Marquis von Lansac; Rollin, unser berühmter Dichter.

A l b i n. Sehr erfreut. *(Komplimente; man nimmt Platz.)*

A l b i n *(zu François)*. Ist das eine von denen, die spielt oder ... ich kenne mich gar nicht aus.

F r a n ç o i s. Sei doch nicht so begriffsstutzig! – Das ist die wirkliche Frau des Marquis von Lansac ... eine höchst anständige Dame.

R o l l i n *(zu Séverine)*. Sage, daß du mich liebst.

S é v e r i n e. Ja, ja, aber fragen Sie mich nicht jeden Augenblick.

M a r q u i s. Haben wir schon irgendeine Szene versäumt?

F r a n ç o i s. Nicht viel. Der dort spielt einen Brandstifter, wie es scheint.

S é v e r i n e. Chevalier, Sie sind wohl der Vetter der kleinen Lydia de la Tremouille, die heute geheiratet hat?

A l b i n. Jawohl, Marquise, das war mit einer der Gründe, daß ich nach Paris gekommen bin.

S é v e r i n e. Ich erinnere mich, Sie in der Kirche gesehen zu haben.

A l b i n *(verlegen)*. Ich bin höchst geschmeichelt, Marquise.

S é v e r i n e *(zu Rollin)*. Was für ein lieber kleiner Junge.

R o l l i n. Ah, Séverine, Sie haben noch nie einen Mann kennengelernt, der Ihnen nicht gefallen hätte.

S é v e r i n e. Oh, doch; den hab ich auch gleich geheiratet.

R o l l i n. Oh, Séverine, ich fürchte immer – es gibt sogar Momente, wo Ihnen Ihr eigener Mann gefährlich ist.

W i r t *(bringt Wein)*. Da habt ihr! Ich wollte, es wäre Gift, aber es ist vorläufig noch nicht gestattet, euch Kanaillen das vorzusetzen.

F r a n ç o i s. Wird schon kommen, Prospère.

S é v e r i n e *(zu Rollin)*. Was ist's mit diesen beiden hübschen Mädchen? Warum kommen sie nicht näher? Wenn wir schon einmal da sind, will ich alles mitmachen. Ich finde überhaupt, daß es hier höchst gesittet zugeht.

M a r q u i s. Haben Sie nur Geduld, Séverine.

S é v e r i n e. Auf der Straße, find ich, unterhält man sich in der letzten Zeit am besten. – Wissen Sie, was uns

gestern passiert ist, als wir auf der Promenade von Long-
champs spazierenfuhren?

M a r q u i s. Ach bitte, meine liebe Séverine, wozu . . .

S é v e r i n e. Da ist ein Kerl aufs Trittbrett unserer Equipage gesprungen und hat geschrien: Nächstes Jahr werden Sie hinter Ihrem Kutscher stehen und wir werden in
der Equipage sitzen.

F r a n ç o i s. Ah, das ist etwas stark.

M a r q u i s. Ach Gott, ich finde, man sollte von diesen
Dingen gar nicht reden. Paris hat jetzt etwas Fieber, das
wird schon wieder vergehen.

G u i l l a u m e *(plötzlich)*. Ich sehe Flammen, Flammen,
überall, wo ich hinschaue, rote, hohe Flammen.

W i r t *(zu ihm hin)*. Du spielst einen Wahnsinnigen, nicht
einen Verbrecher.

S é v e r i n e. Er sieht Flammen?

F r a n ç o i s. Das ist alles noch nicht das Richtige, Marquise.

A l b i n *(zu Rollin)*. Ich kann Ihnen gar nicht sagen, wie
wirr ich schon von dem allen bin.

M i c h e t t e *(kommt zum Marquis)*. Ich hab dich ja noch
gar nicht begrüßt, mein süßes altes Schwein.

M a r q u i s *(verlegen)*. Sie scherzt, liebe Séverine.

S é v e r i n e. Das kann ich nicht finden. Sag einmal, Kleine, wieviel Liebschaften hast du schon gehabt?

M a r q u i s *(zu François)*. Es ist bewunderungswürdig, wie
sich die Marquise, meine Gemahlin, gleich in jede Situation zu finden weiß.

R o l l i n. Ja, es ist bewunderungswürdig.

M i c h e t t e. Hast du deine gezählt?

S é v e r i n e. Als ich noch jung war wie du . . . gewiß. –

A l b i n *(zu Rollin)*. Sagen Sie mir, Herr Rollin, spielt die
Marquise oder ist sie wirklich so – ich kenne mich absolut nicht aus.

R o l l i n. Sein . . . spielen . . . kennen Sie den Unterschied
so genau, Chevalier?

A l b i n. Immerhin.

R o l l i n. Ich nicht. Und was ich hier so eigentümlich finde,
ist, daß alle scheinbaren Unterschiede sozusagen aufgehoben sind. Wirklichkeit geht in Spiel über – Spiel in Wirk-

lichkeit. Sehen Sie doch einmal die Marquise an. Wie sie mit diesen Geschöpfen plaudert, als wären sie ihresgleichen. Dabei ist sie ...

Albin. Etwas ganz anderes.

Rollin. Ich danke Ihnen, Chevalier.

Wirt (*zu Grain*). Also, wie war das?

Grain. Was?

Wirt. Die Geschichte mit der Tante, wegen der du zwei Jahre im Gefängnis gesessen bist?

Grain. Ich sagte Ihnen ja, ich habe sie erdrosselt.

François. Der ist schwach. Das ist ein Dilettant. Ich hab ihn noch nie gesehn.

Georgette (*kommt rasch, wie eine Dirne niedrigsten Rangs gekleidet*). Guten Abend, Kinder! Ist mein Balthasar noch nicht da?

Scaevola. Georgette! Setz dich zu mir! Dein Balthasar kommt noch immer zurecht.

Georgette. Wenn er in zehn Minuten nicht da ist, kommt er nicht mehr zurecht – da kommt er überhaupt nicht wieder.

François. Marquise, auf die passen Sie auf. Die ist in Wirklichkeit die Frau von diesem Balthasar, von dem sie eben spricht und der sehr bald kommen wird. – Sie stellt eine ganz gemeine Straßendirne dar, Balthasar ihren Zuhälter. Dabei ist es die treueste Frau, die man überhaupt in Paris finden kann.

(Balthasar kommt.)

Georgette. Mein Balthasar! (*Sie läuft ihm entgegen, umarmt ihn.*) Da bist du ja!

Balthasar. Es ist alles in Ordnung. (*Stille ringsum.*) Es war nicht der Mühe wert. Es hat mir beinah leid um ihn getan. Du solltest dir deine Leute besser ansehn, Georgette – ich bin es satt, hoffnungsvolle Jünglinge wegen ein paar Francs umzubringen.

François. Famos ...

Albin. Wie? –

François. Er pointiert so gut.

(Der Kommissär kommt, verkleidet, setzt sich an einen Tisch.)

W i r t *(zu ihm).* Sie kommen in einem guten Moment, Herr Kommissär. Das ist einer meiner vorzüglichsten Darsteller.

B a l t h a s a r. Man sollte sich überhaupt einen anderen Verdienst suchen. Meiner Seel', ich bin nicht feig, aber das Brot ist sauer verdient.

S c a e v o l a. Das will ich glauben.

G e o r g e t t e. Was hast du nur heute?

B a l t h a s a r. Ich will's dir sagen, Georgette; – ich finde, du bist ein bißchen zu zärtlich mit den jungen Herren.

G e o r g e t t e. Seht, was er für ein Kind ist. Sei doch vernünftig, Balthasar! Ich muß ja zärtlich sein, um ihnen Vertrauen einzuflößen.

R o l l i n. Was sie da sagt, ist geradezu tief.

B a l t h a s a r. Wenn ich einmal glauben müßte, daß du etwas empfindest, wenn dich ein anderer ...

G e o r g e t t e. Was sagt ihr dazu! Die dumme Eifersucht wird ihn noch ins Grab bringen.

B a l t h a s a r. Ich hab heut einen Seufzer gehört, Georgette, und das war in einem Augenblick, wo sein Vertrauen bereits groß genug war!

G e o r g e t t e. Man kann nicht so plötzlich aufhören, die Verliebte zu spielen.

B a l t h a s a r. Nimm dich in acht, Georgette, die Seine ist tief. *(Wild.)* Wenn du mich betrügst. –

G e o r g e t t e. Nie, nie!

A l b i n. Das versteh ich absolut nicht.

S é v e r i n e. Rollin, das ist die richtige Auffassung!

R o l l i n. Sie finden?

M a r q u i s *(zu Séverine).* Wir können noch immer gehen, Séverine.

S é v e r i n e. Warum? Ich fang an, mich sehr wohl zu fühlen.

G e o r g e t t e. Mein Balthasar, ich bete dich an. *(Umarmung.)*

F r a n ç o i s. Bravo! bravo! –

B a l t h a s a r. Was ist das für ein Kretin?

K o m m i s s ä r. Das ist unbedingt zu stark – das ist –

(Maurice und Etienne treten auf; sie sind wie junge Adelige gekleidet, doch merkt man, daß sie nur in verschlissenen Theaterkostümen stecken.)

Vom Tisch der Schauspieler. Wer sind die?

Scaevola. Der Teufel soll mich holen, wenn das nicht Maurice und Etienne sind.

Georgette. Freilich sind sie's.

Balthasar. Georgette!

Séverine. Gott, sind das bildhübsche junge Leute!

Rollin. Es ist peinlich, Séverine, daß Sie jedes hübsche Gesicht so heftig anregt.

Séverine. Wozu bin ich denn hergekommen?

Rollin. So sagen Sie mir wenigstens, daß Sie mich lieben.

Séverine *(mit einem Blick)*. Sie haben ein kurzes Gedächtnis.

Etienne. Nun, was glaubt ihr, woher wir kommen?

François. Hören Sie zu, Marquis, das sind ein paar witzige Jungen.

Maurice. Von einer Hochzeit.

Etienne. Da muß man sich ein wenig putzen. Sonst sind gleich diese verdammten Geheimpolizisten hinter einem her.

Scaevola. Habt ihr wenigstens einen ordentlichen Fang gemacht?

Wirt. Laßt sehen.

Maurice *(aus seinem Wams Uhren herausnehmend)*. Was gibst du mir dafür?

Wirt. Für die da? Einen Louis!

Maurice. Freilich!

Scaevola. Sie ist nicht mehr wert!

Michette. Das ist ja eine Damenuhr. Gib sie mir, Maurice.

Maurice. Was gibst du mir dafür?

Michette. Sieh mich an! ... Genügt das? –

Flipotte. Nein, mir; – sieh mich an –

Maurice. Meine lieben Kinder, *das* kann ich haben, ohne meinen Kopf zu riskieren.

Michette. Du bist ein eingebildeter Affe.

Séverine. Ich schwöre, daß das keine Komödie ist.

R o l l i n. Freilich nicht, überall blitzt etwas Wirkliches
durch. Das ist ja das Entzückende.

S c a e v o l a. Was war denn das für eine Hochzeit?

M a u r i c e. Die Hochzeit des Fräuleins La Tremouille –
sie hat den Grafen von Banville geheiratet.

A l b i n. Hörst du, François? – Ich versichere dich, das sind
wirkliche Spitzbuben.

F r a n ç o i s. Beruhige dich, Albin. Ich kenne die zwei. Ich
hab sie schon ein dutzendmal spielen sehen. Ihre Speziali-
tät ist die Darstellung von Taschendieben.
   (Maurice zieht einige Geldbörsen aus seinem Wams.)

S c a e v o l a. Na, ihr könnt heut splendid sein.

E t i e n n e. Es war eine sehr prächtige Hochzeit. Der ganze
Adel von Frankreich war da. Sogar der König hat sich
vertreten lassen.

A l b i n *(erregt)*. Alles das ist wahr!

M a u r i c e *(läßt Geld über den Tisch rollen)*. Das ist für
euch, meine Freunde, damit ihr seht, daß wir zusammen-
halten.

F r a n ç o i s. Requisiten, lieber Albin. *(Er steht auf und
nimmt ein paar Münzen.)* Für uns fällt doch auch was ab.

W i r t. Nimm nur ... so ehrlich hast du in deinem Leben
nichts verdient!

M a u r i c e *(hält ein Strumpfband, mit Diamanten besetzt,
in der Luft)*. Und wem soll ich das schenken?

G e o r g e t t e , M i c h e t t e , F l i p o t t e *(haschen danach)*.

M a u r i c e. Geduld, ihr süßen Mäuse, darüber sprechen wir
noch. Das geb ich der, die eine neue Zärtlichkeit erfindet.

S é v e r i n e *(zu Rollin)*. Möchten Sie mir nicht erlauben,
da mitzukonkurrieren?

R o l l i n. Sie machen mich wahnsinnig, Séverine.

M a r q u i s. Séverine, wollen wir nicht gehen? Ich denke ...

S é v e r i n e. O nein. Ich befinde mich vortrefflich. *(Zu
Rollin.)* Ah, ich komm in eine Stimmung –

M i c h e t t e. Wie bist du nur zu dem Strumpfband gekommen?

M a u r i c e. Es war ein solches Gedränge in der Kirche ...
und wenn eine denkt, man macht ihr den Hof ... *(Alle
lachen. Grain hat dem François seinen Geldbeutel gezogen.)*

F r a n ç o i s *(mit dem Gelde zu Albin)*. Lauter Spielmarken. Bist du jetzt beruhigt?
  (Grain will sich entfernen.)
W i r t *(ihm nach; leise)*. Geben Sie mir sofort die Börse, die Sie diesem Herrn gezogen haben.
G r a i n. Ich –
W i r t. Auf der Stelle . . . oder es geht Ihnen schlecht.
G r a i n. Sie brauchen nicht grob zu werden. *(Gibt sie ihm.)*
W i r t. Und hiergeblieben. Ich hab jetzt keine Zeit, Sie zu untersuchen. Wer weiß, was Sie noch eingesteckt haben. Gehen Sie wieder auf Ihren Platz zurück.
F l i p o t t e. Das Strumpfband werd ich gewinnen.
W i r t *(zu François; wirft ihm den Beutel zu)*. Da hast du deinen Geldbeutel. Du hast ihn aus der Tasche verloren.
F r a n ç o i s. Ich danke Ihnen, Prospère. *(Zu Albin.)* Siehst du, wir sind in Wirklichkeit unter den anständigsten Leuten von der Welt.

(Henri ist bereits längere Zeit dagewesen, hinten gesessen, steht plötzlich auf.)

R o l l i n. Henri, da ist Henri. –
S é v e r i n e. Ist das der, von dem Sie mir so viel erzählt haben?
M a r q u i s. Freilich. Der, um dessentwillen man eigentlich hierherkommt.
  (Henri tritt vor, ganz komödiantenhaft; schweigt.)
D i e S c h a u s p i e l e r. Henri, was hast du?
R o l l i n. Beachten Sie den Blick. Eine Welt von Leidenschaft. Er spielt nämlich den Verbrecher aus Leidenschaft.
S é v e r i n e. Das schätze ich sehr!
A l b i n. Warum spricht er denn nicht?
R o l l i n. Er ist wie entrückt. Merken Sie nur. Geben Sie acht . . . er hat irgendeine fürchterliche Tat begangen.
F r a n ç o i s. Er ist etwas theatralisch. Es ist, wie wenn er sich zu einem Monolog vorbereiten würde.
W i r t. Henri, Henri, woher kommst du?
H e n r i. Ich hab einen umgebracht.
R o l l i n. Was hab ich gesagt?
S c a e v o l a. Wen?
H e n r i. Den Liebhaber meiner Frau.

W i r t *(sieht ihn an, hat in diesem Augenblick offenbar die Empfindung, es könnte wahr sein).*

H e n r i *(schaut auf).* Nun, ja, ich hab es getan, was schaut ihr mich so an? Es ist nun einmal so. Ist es denn gar so verwunderlich? Ihr wißt doch alle, was meine Frau für ein Geschöpf ist; es hat so enden müssen.

W i r t. Und sie – wo ist sie?

F r a n ç o i s. Sehen Sie, der Wirt geht drauf ein. Merken Sie, das macht die Sache so natürlich.

(Lärm draußen, nicht zu stark.)

J u l e s. Was ist das für ein Lärm da draußen?

L a n s a c. Hören Sie, Séverine?

R o l l i n. Es klingt, wie wenn Truppen vorüberzögen.

F r a n ç o i s. O nein, das ist unser liebes Volk von Paris, hören Sie nur, wie sie grölen. *(Unruhe im Keller; draußen wird es still.)* Weiter, Henri, weiter.

W i r t. So erzähl uns doch, Henri! – Wo ist deine Frau? Wo hast du sie gelassen?

H e n r i. Ah, es ist mir nicht bang um sie. Sie wird nicht daran sterben. Ob der, ob der, was liegt den Weibern dran? Noch tausend andere schöne Männer laufen in Paris herum – ob der oder der –

B a l t h a s a r. Möge es allen so gehn, die uns unsere Weiber nehmen.

S c a e v o l a. Allen, die uns nehmen, was uns gehört.

K o m m i s s ä r *(zum Wirt).* Das sind aufreizende Reden.

A l b i n. Es ist erschreckend ... die Leute meinen es ernst.

S c a e v o l a. Nieder mit den Wucherern von Frankreich! Wollen wir wetten, daß der Kerl, den er bei seiner Frau erwischt hat, wieder einer von den verfluchten Hunden war, die uns auch um unser Brot bestehlen.

A l b i n. Ich schlage vor, wir gehn.

S é v e r i n e. Henri! Henri!

M a r q u i s. Aber Marquise!

S é v e r i n e. Bitte, lieber Marquis, fragen Sie den Mann, wie er seine Frau erwischt hat ... oder ich frag ihn selbst.

M a r q u i s *(zögernd).* Sagen Sie, Henri, wie ist es Ihnen denn gelungen, die zwei abzufassen?

H e n r i *(der lang in Sinnen versunken war).* Kennt Ihr

denn mein Weib? – Es ist das schönste und niedrigste Geschöpf unter der Sonne. – Und ich habe sie geliebt. – Sieben Jahre kennen wir uns … aber erst seit gestern ist sie mein Weib. In diesen sieben Jahren war kein Tag, aber nicht ein Tag, an dem sie mich nicht belogen, denn alles an ihr lügt. Ihre Augen wie ihre Lippen, ihre Küsse und ihr Lächeln.

F r a n ç o i s. Er deklamiert ein wenig.

H e n r i. Jeder Junge und jeder Alte, jeder, der sie gereizt – und jeder, der sie bezahlt hat, ich denke, jeder, der sie wollte, hat sie gehabt – und ich hab es gewußt!

S é v e r i n e. Das kann nicht jeder von sich sagen.

H e n r i. Und dabei hat sie mich geliebt, meine Freunde, kann das einer von euch verstehen? Immer wieder ist sie zu mir zurückgekommen – von überall her wieder zu mir – von den Schönen und den Häßlichen – den Klugen und den Dummen, den Lumpen und den Kavalieren – immer wieder zu mir. –

S é v e r i n e *(zu Rollin)*. Wenn ihr nur ahntet, daß eben dieses Zurückkommen die Liebe ist.

H e n r i. Was hab ich gelitten … Qualen, Qualen!

R o l l i n. Es ist erschütternd!

H e n r i. Und gestern hab ich sie geheiratet. Wir haben einen Traum gehabt. Nein – ich hab einen Traum gehabt. Ich wollte mit ihr fort von hier. In die Einsamkeit, aufs Land, in den großen Frieden. Wie andere glückliche Ehepaare wollten wir leben – auch von einem Kind haben wir geträumt.

R o l l i n *(leise)*. Séverine.

S é v e r i n e. Nun ja, es ist schon gut.

A l b i n. François, dieser Mensch spricht die Wahrheit.

F r a n ç o i s. Gewiß, diese Liebesgeschichte ist wahr, aber es handelt sich um die Mordgeschichte.

H e n r i. Ich hab mich um einen Tag verspätet …, sie hatte noch einen vergessen, sonst – glaub ich – hat ihr keiner mehr gefehlt … aber ich hab sie zusammen erwischt … und er ist hin.

D i e S c h a u s p i e l e r. Wer? … Wer? Wie ist es geschehen? … Wo liegt er? – Wirst du verfolgt? … Wie ist es geschehen? … Wo ist sie?

H e n r i *(immer erregter).* Ich hab sie begleitet ... ins Theater ... zum letzten Male sollt' es heute sein ... ich hab
sie geküßt ... an der Tür – und sie ist hinauf in ihre Garderobe, und ich bin fortgegangen wie einer, der nichts zu
fürchten hat. – Aber schon nach hundert Schritten hat's
begonnen ... in mir ... versteht ihr mich ... eine ungeheure Unruhe ... und es war, als zwänge mich irgendwas,
umzukehren ... und ich bin umgekehrt und hingegangen.
Aber da hab ich mich geschämt und bin wieder fort ...
und wieder war ich hundert Schritt weit vom Theater ...
da hat es mich gepackt ... und wieder bin ich zurück. Ihre
Szene war zu Ende ... sie hat ja nicht viel zu tun, steht
nur eine Weile auf der Bühne, halbnackt – und dann ist
sie fertig ... ich stehe vor ihrer Garderobe, ich lehne mein
Ohr an die Tür und höre flüstern. Ich kann kein Wort
unterscheiden ... das Flüstern verstummt ... ich stoße die
Tür auf ... *(er brüllt wie ein wildes Tier)* – es war der
Herzog von Cadignan, und ich hab ihn ermordet. –
W i r t *(der es endlich für wahr hält).* Wahnsinniger! *(Henri
schaut auf, sieht den Wirt starr an.)*
S é v e r i n e. Bravo! bravo!
R o l l i n. Was tun Sie, Marquise? Im Augenblick, wo Sie
Bravo! rufen, machen Sie das alles wieder zum Theater –
und das angenehme Gruseln ist vorbei.
M a r q u i s. Ich finde das Gruseln nicht so angenehm. Ap-
plaudieren wir, meine Freunde, nur so können wir uns
von diesem Banne befreien.
W i r t *(zu Henri, während des Lärms).* Rette dich, flieh,
Henri!
H e n r i. Was? Was?
W i r t. Laß es jetzt genug sein und mach, daß du fort-
kommst!
F r a n ç o i s. Ruhe! ... Hören wir, was der Wirt sagt!
W i r t *(nach kurzer Überlegung).* Ich sag ihm, daß er fort
soll, bevor die Wachen an den Toren der Stadt verstän-
digt sind. Der schöne Herzog war ein Liebling des Königs
– sie rädern dich! Hättest du doch lieber die Kanaille,
dein Weib, erstochen!
F r a n ç o i s. Was für ein Zusammenspiel ... Herrlich!
H e n r i. Prospère, wer von uns ist wahnsinnig, du oder

ich? – *(Er steht da und versucht in den Augen des Wirts zu lesen.)*

R o l l i n. Es ist wunderbar, wir alle wissen, daß er spielt, und doch, wenn der Herzog von Cadignan jetzt hereinträte, er würde uns erscheinen wie ein Gespenst.

(Lärm draußen – immer stärker. Es kommen Leute herein, man hört schreien. Ganz an ihrer Spitze Grasset, andere, unter ihnen Lebrêt, drängen über die Stiege nach. Man hört Rufe: Freiheit, Freiheit!)

G r a s s e t. Hier sind wir, Kinder, da herein!

A l b i n. Was ist das? Gehört das dazu?

F r a n ç o i s. Nein.

M a r q u i s. Was soll das bedeuten?

S é v e r i n e. Was sind das für Leute?

G r a s s e t. Hier herein! Ich sag es euch, mein Freund Prospère hat immer noch ein Faß Wein übrig, *(Lärm von der Straße)* und wir haben's verdient! Freund! Bruder! Wir haben sie, wir haben sie!

R u f e d r a u ß e n. Freiheit! Freiheit!

S é v e r i n e. Was gibt's?

M a r q u i s. Entfernen wir uns, entfernen wir uns, der Pöbel rückt an.

R o l l i n. Wie wollen Sie sich entfernen?

G r a s s e t. Sie ist gefallen, die Bastille ist gefallen!

W i r t. Was sagst du? – Spricht er die Wahrheit?

G r a s s e t. Hörst du nicht?

(Albin will den Degen ziehen.)

F r a n ç o i s. Laß das jetzt, sonst sind wir alle verloren.

G r a s s e t *(torkelt über die Stiege herein)*. Und wenn ihr euch beeilt, könnt ihr noch draußen was Lustiges sehen ... auf einer sehr hohen Stange den Kopf unseres teueren Delaunay.

M a r q u i s. Ist der Kerl verrückt?

R u f e. Freiheit! Freiheit!

G r a s s e t. Einem Dutzend haben wir die Köpfe abgeschlagen, die Bastille gehört uns, die Gefangenen sind frei! Paris gehört dem Volke!

W i r t. Hört ihr! Hört ihr! Paris gehört uns!

G r a s s e t. Seht, wie er jetzt Mut kriegt. Ja, schrei nur, Prospère, jetzt kann dir nichts mehr geschehn.

W i r t *(zu den Adligen)*. Was sagt ihr dazu? Ihr Gesindel!
Der Spaß ist zu Ende.

A l b i n. Hab ich's nicht gesagt?

W i r t. Das Volk von Paris hat gesiegt.

K o m m i s s ä r. Ruhe! – *(Man lacht.)* Ruhe! . . . Ich unter-
sage die Fortsetzung der Vorstellung!

G r a s s e t. Wer ist der Tropf?

K o m m i s s ä r. Prospère, ich mache Sie verantwortlich für
alle die aufreizenden Reden –

G r a s s e t. Ist der Kerl verrückt?

W i r t. Der Spaß ist zu Ende, begreift Ihr nicht? Henri,
so sag's ihnen doch, jetzt darfst du's ihnen sagen! Wir
schützen dich . . . das Volk von Paris schützt dich.

G r a s s e t. Ja, das Volk von Paris. *(Henri steht stieren
Blicks da.)*

W i r t. Henri hat den Herzog von Cadignan wirklich ermordet.

A l b i n , F r a n ç o i s , M a r q u i s. Was sagt er da?

A l b i n und a n d e r e. Was bedeutet das alles, Henri?

F r a n ç o i s. Henri, sprechen Sie doch!

W i r t. Er hat ihn bei seiner Frau gefunden – und er hat
ihn umgebracht.

H e n r i. Es ist nicht wahr!

W i r t. Jetzt brauchst du dich nicht mehr zu fürchten, jetzt
kannst du's in die Welt hinausschrein. Ich hätte dir schon
vor einer Stunde sagen können, daß sie die Geliebte des
Herzogs ist. Bei Gott, ich bin nahe daran gewesen, dir's
zu sagen . . . Sie schreiender Bimsstein, nicht wahr, wir
haben's gewußt?

H e n r i. Wer hat sie gesehn? Wo hat man sie gesehn?

W i r t. Was kümmert dich das jetzt! Er ist ja verrückt
. . . du hast ihn umgebracht, mehr kannst du doch nicht
tun.

F r a n ç o i s. Um Himmels willen, so ist es wirklich wahr
oder nicht?

W i r t. Ja, es ist wahr!

G r a s s e t. Henri – du sollst von nun an mein Freund sein.
Es lebe die Freiheit! Es lebe die Freiheit!

F r a n ç o i s. Henri, reden Sie doch!

H e n r i. Sie war seine Geliebte? Sie war die Geliebte des

Herzogs? Ich hab es nicht gewußt ... er lebt ... er lebt. –
(Ungeheure Bewegung.)

S é v e r i n e *(zu den anderen).* Nun, wo ist jetzt die Wahrheit?

A l b i n. Um Gotteswillen!

(Der Herzog drängt sich durch die Masse auf der Stiege.)

S é v e r i n e *(die ihn zuerst sieht).* Der Herzog!

E i n i g e. Der Herzog!

H e r z o g. Nun ja, was gibt's denn?

W i r t. Ist es ein Gespenst?

H e r z o g. Nicht daß ich wüßte! Laßt mich da herüber!

R o l l i n. Was wetten wir, daß alles arrangiert ist? Die Kerls da gehören zur Truppe von Prospère. Bravo, Prospère, das ist dir gelungen!

H e r z o g. Was gibt's? Spielt man hier noch, während draußen ... Weiß man denn nicht, was da draußen für Dinge vorgehen? Ich habe den Kopf Delaunays auf einer Stange vorbeitragen sehen. Ja, was schaut ihr mich denn so an – *(tritt herunter)* Henri –

F r a n ç o i s. Hüten Sie sich vor Henri.

(Henri stürzt wie ein Wütender auf den Herzog und stößt ihm den Dolch in den Hals.)

K o m m i s s ä r *(steht auf).* Das geht zu weit! –

A l b i n. Er blutet!

R o l l i n. Hier ist ein Mord geschehen!

S é v e r i n e. Der Herzog stirbt!

M a r q u i s. Ich bin fassungslos, liebe Séverine, daß ich Sie gerade heute in dieses Lokal bringen mußte!

S é v e r i n e. Warum? *(Mühsam.)* Es trifft sich wunderbar. Man sieht nicht alle Tage einen wirklichen Herzog wirklich ermorden.

R o l l i n. Ich fasse es noch nicht.

K o m m i s s ä r. Ruhe! – Keiner verlasse das Lokal! –

G r a s s e t. Was will der??

K o m m i s s ä r. Ich verhafte diesen Mann im Namen des Gesetzes.

G r a s s e t *(lacht).* Die Gesetze machen wir, ihr Dummköpfe! Hinaus mit dem Gesindel! Wer einen Herzog umbringt, ist ein Freund des Volkes. Es lebe die Freiheit!

A l b i n *(zieht den Degen).* Platz gemacht! Folgen Sie mir, meine Freunde!

(Léocadie stürzt herein, über die Stufen.)

R u f e. Léocadie!

A n d e r e. Seine Frau!

L é o c a d i e. Laßt mich hier herein! Ich will zu meinem Mann! *(Sie kommt nach vorne, sieht, schreit auf.)* Wer hat das getan? Henri! *(Henri schaut sie an.)*

L é o c a d i e. Warum hast du das getan?

H e n r i. Warum?

L é o c a d i e. Ja, ja, ich weiß warum. Meinetwegen. Nein, nein, sag nicht meinetwegen. So viel bin ich mein Lebtag nicht wert gewesen.

G r a s s e t *(beginnt eine Rede).* Bürger von Paris, wir wollen unsern Sieg feiern. Der Zufall hat uns auf dem Weg durch die Straßen von Paris zu diesem angenehmen Wirt geführt. Es hat sich nicht schöner treffen können. Nirgends kann der Ruf: »Es lebe die Freiheit!« schöner klingen, als an der Leiche eines Herzogs.

R u f e. Es lebe die Freiheit! Es lebe die Freiheit!

F r a n ç o i s. Ich denke, wir gehen – das Volk ist wahnsinnig geworden. Gehn wir.

A l b i n. Sollen wir ihnen die Leiche hier lassen?

S é v e r i n e. Es lebe die Freiheit! Es lebe die Freiheit!

M a r q u i s. Sind Sie verrückt?

D i e B ü r g e r, d i e S c h a u s p i e l e r. Es lebe die Freiheit! Es lebe die Freiheit!

S é v e r i n e *(an der Spitze der Adligen, dem Ausgange zu).* Rollin, warten Sie heut nacht vor meinem Fenster. Ich werfe den Schlüssel hinunter wie neulich – wir wollen eine schöne Stunde haben – ich fühle mich angenehm erregt.

(Rufe: Es lebe die Freiheit! Es lebe Henri! Es lebe Henri!)

L e b r ê t. Schaut die Kerle an – sie laufen uns davon.

G r a s s e t. Laßt sie für heute – laßt sie. – Sie werden uns nicht entgehen.

ZEITTAFEL

Gestützt auf Nachlaßdokumente aus dem Schnitzler-Archiv
Freiburg i. Br. und Angaben der Herausgeber Therese Nickl
und Heinrich Schnitzler in *Arthur Schnitzler: Jugend in
Wien. Eine Autobiographie*. Wien, München u. Zürich 1968,
S. 339 ff.

1862   Arthur Schnitzler als Sohn des Laryngologen Pro-
        fessor Dr. Johann Schnitzler am 15. Mai in Wien ge-
        boren.
1871–79 Besuch des Akademischen Gymnasiums in Wien.
1879   Beginn des Medizinstudiums an der Universität Wien.
1880   Erste Veröffentlichungen: das Gedicht *Liebeslied der
        Ballerine* und der Aufsatz *Über den Patriotismus*,
        beides in der Zeitschrift *Der freie Landesbote*, Mün-
        chen.
1885   Promotion zum Dr. med.
1885–88 Aspirant und Sekundararzt am Wiener Allgemei-
        nen Krankenhaus.
1886–88 Veröffentlichung von Gedichten und Aphorismen
        in den Zeitschriften *Deutsche Wochenschrift* und *An
        der schönen blauen Donau.*
        Publikationen in medizinischen Zeitschriften.
1888   Der Einakter *Das Abenteuer seines Lebens* wird vom
        Verlag O. F. Eirich als Bühnenmanuskript gedruckt.
1888–92 Arbeit am *Anatol*-Zyklus.
1888–93 Assistent seines Vaters an der Allgemeinen Wie-
        ner Poliklinik.
1893   Eröffnung einer Privatpraxis.
        Uraufführung des Einakters *Abschiedssouper* aus
        dem *Anatol*-Zyklus (14. Juli, Stadttheater Bad Ischl).
1895   Uraufführung des Schauspiels *Liebelei* (9. Oktober,
        Wiener Burgtheater).
1896   Uraufführung des Einakters *Die Frage an das Schick-
        sal* aus dem *Anatol*-Zyklus (26. Januar, Carola-
        Theater Leipzig).
1898   Uraufführung des Einakters *Weihnachtseinkäufe* aus
        dem *Anatol*-Zyklus (13. Januar, Sofiensäle Wien).

Uraufführung des Einakters *Episode* aus dem *Anatol*-Zyklus (26. Juni, Ibsen-Ensemble Leipzig).
Novellensammlung *Die Frau des Weisen*.

1899   Uraufführung des *Grünen Kakadu* (1. März, zusammen mit *Paracelsus* und *Die Gefährtin* am Wiener Burgtheater).
Verleihung des Bauernfeld-Preises für die »Novellen und dramatischen Arbeiten«.

1900   Der *Reigen* als »unverkäufliches Manuskript« gedruckt.
Die Novelle *Leutnant Gustl* erscheint in der *Neuen Freien Presse*, Wien.

1901   Die Erzählung *Frau Berta Garlan* erscheint in der *Neuen Deutschen Rundschau*.
Wegen der Veröffentlichung des *Leutnant Gustl* wird Schnitzler der Offiziersrang aberkannt, weil er durch die Titelfigur das Ansehen der österreichisch-ungarischen Armee beleidigt habe.
Uraufführung des Einakters *Anatols Hochzeitsmorgen* aus dem *Anatol*-Zyklus (13. Oktober, Langenbeck-Haus Berlin).

1903   Verleihung des Bauernfeld-Preises für den Einakter-Zyklus *Lebendige Stunden*.
Die erste für den Buchhandel bestimmte Ausgabe des *Reigen* erscheint im Wiener Verlag.
Schnitzler heiratet Olga Gussmann (26. August).

1904   Uraufführung des Schauspiels *Der einsame Weg* (13. Februar, Deutsches Theater Berlin).
Verbot der Buchausgabe des *Reigen* in Deutschland.

1905   Novellensammlung *Die griechische Tänzerin*.

1906   Uraufführung des Schauspiels *Der Ruf des Lebens* (24. April, Lessingtheater Berlin).

1907   Novellensammlung *Dämmerseelen*.

1908   Verleihung des Grillparzer-Preises für die Komödie *Zwischenspiel*.
Der Roman *Der Weg ins Freie* erscheint in der *Neuen Rundschau*.

1909   Entwurf einer Operette nach dem *Anatol*-Stoff.

1910   Uraufführung der dramatischen Historie *Der junge Medardus* (24. November, Burgtheater Wien).
Uraufführung des *Anatol*-Zyklus, ohne *Denksteine*

und *Agonie* (3. Dezember, zugleich am Lessingtheater Berlin und am Deutschen Volkstheater Wien).

1911 Uraufführung der Tragikomödie *Das weite Land* (14. Oktober, gleichzeitig in Berlin, Breslau, München, Hamburg, Prag, Leipzig, Hannover, Bochum und Wien).

1912 *Gesammelte Werke in zwei Abteilungen.* Abt. 1: *Die erzählenden Schriften* in 4 Bänden. Abt. 2: *Die Theaterstücke* in 5 Bänden. Berlin 1912–22.
Novellensammlung *Masken und Wunder.*
Uraufführung der Komödie *Professor Bernhardi* (28. November, Kleines Theater Berlin).
Professor Bernhardi in Österreich von der Zensur verboten.
Uraufführung des *Reigen* in Budapest in ungarischer Sprache (13. Oktober).

1914 Verleihung des Raimund-Preises für den *Jungen Medardus.*

1916 Uraufführung des Einakters *Denksteine* aus dem *Anatol*-Zyklus (15. Mai, Wiener Urania).

1920 Verleihung des Volkstheaterpreises für *Professor Bernhardi.*
Uraufführung des *Reigen* (23. Dezember, Kleines Schauspielhaus Berlin).

1921 Erste Wiener Aufführung des *Reigen* (1. Februar, Kammerspiele des Deutschen Volkstheaters).
Verbot weiterer Aufführungen nach organisierten Skandalen (17. Februar).
Organisierter Tumult (22. Februar) anläßlich der Berliner *Reigen*-Aufführung.
Scheidung der Ehe (26. Juni).
Die Berliner Staatsanwaltschaft erhebt Anklage gegen die Direktion des Kleinen Schauspielhauses, den Regisseur und die Darsteller des *Reigen* wegen Erregung öffentlichen Ärgernisses.
Freispruch aller Angeklagten (8. November).

1924 Uraufführung der Komödie *Komödie der Verführung* (11. Oktober, Burgtheater Wien).
Die Novelle *Fräulein Else* erscheint in der *Neuen Rundschau.*

1926   Verleihung des Burgtheaterringes.

1927   *Buch der Sprüche und Bedenken. Aphorismen und Fragmente.*
Der Geist im Wort und der Geist in der Tat. Vorläufige Bemerkungen zu zwei Diagrammen.

1928   Roman *Therese. Chronik eines Frauenlebens.*

1929   Uraufführung von *Im Spiel der Sommerlüfte* (21. Dezember, Deutsches Volkstheater Wien).

1931   Uraufführung von *Der Gang zum Weiher* (14. Februar, Burgtheater Wien).
Die Novelle *Flucht in die Finsternis* erscheint in der *Vossischen Zeitung.*
Am 21. Oktober stirbt Arthur Schnitzler in Wien.

1932   Uraufführung des Einakters *Anatols Größenwahn* aus dem Nachlaß (29. März, Deutsches Volkstheater Wien).

1958   *Der grüne Kakadu. Oper in einem Akt.* Text nach Arthur Schnitzler, Musik von Richard Mohaupt. Klavierauszug und Textbuch. Universal-Edition Wien.

1962   *Die Dramatischen Werke* (Gesammelte Werke). 2 Bde. Frankfurt a. M.

1964   Eine kommentierte, durch Materialien ergänzte Ausgabe des *Anatol*-Zyklus, hrsg. von E. L. Offermanns, erscheint in der Reihe »Komedia«.
Hugo von Hofmannsthal und Arthur Schnitzler: *Briefwechsel.* Hrsg. von Therese Nickl und Heinrich Schnitzler. Frankfurt a. M.

1966   *Das Wort.* Tragikomödie in fünf Akten. Fragment. Aus dem Nachlaß hrsg. und eingel. von Kurt Bergel. Frankfurt a. M.

1967   *Aphorismen und Betrachtungen* (Gesammelte Werke). Hrsg. von Robert O. Weiss. Frankfurt a. M.

NACHWORT

Mit seinem *Anatol* (1888–91) ist dem frühen Arthur Schnitzler in Gestalt und szenischer Anlage etwas erstaunlich Vorausweisendes wie Beispielhaftes gelungen, so daß man den Dichter ebenso voreilig wie vereinfachend immer wieder mit Anatol gleichzusetzen versuchte. Unwillkürlich fragt man sich, was diese repräsentative Wertschätzung hervorrufen und begründen konnte. Jede Begegnung mit dieser Dichtung bestätigt denn auch ihre Anziehungskraft; sie vereinigt ein Miteinander zahlreicher Widersprüche: so lebensgroß sich Anatol auch gebärdet, so sehr vertritt diese Figur zugleich etwas Typisches; Schnitzler glückte es, allgemeine Dispositionen erregend individuell zu gestalten. Das Individuum, das er vorstellt, vereinigt in sich allgemeine Züge. Im scheinbar Diskontinuierlichen wird eine bemerkenswerte Kontinuität sichtbar, in der Exzentrik der Launen, dem Unwägbaren der Stimmungslagen, dem beständigen Wechsel der Einstellungen; die gewissermaßen »flottierenden Elemente« ordnen sich zu wiederkehrenden Erfahrensmustern; unendliche Möglichkeiten beschränken sich auf wenige Formen der Verwirklichung; diese jedoch entfalten einen bemerkenswerten Nuancenreichtum. Analog hierzu begünstigen die bezwingenden Szenen den Eindruck, daß sich in ihnen die Gesellschaft und Situation einer Epoche ausspiele, bis man wahrnimmt, daß absichtsvoll nur ausgewählte Gruppierungen bevorzugt werden. Muten die Motive zunächst begrenzt an, so entdeckt man aber auch den Geist überzeitlicher Wiederholbarkeit; er gerade weckt das Bewußtsein des Endlichen, den Fluch des Alterns von Augenblick zu Augenblick.
Anatol befindet sich auf verzweifelter Suche nach seinem Ich, das er ebensowenig erkennt wie ein Du; seine Zukunft wird nichts anderes vorstellen als seine Vergangenheit; so sehr Ekstasen und Ermattungen, erregende Umschwünge eine Spannung vortäuschen, so erbarmungslos offenbart sich zuletzt das leierkastenartig Gleichförmige. Daß es Schnitzler gelingt, der Monotonie gleichermaßen reizvolle Valeurs wie abgründige Melancholie abzugewinnen, zählt zu seinen stärksten Leistungen.

Was sich als Folge vorstellt, sind Situationen, die sich belie-
big aneinanderreihen – austauschbar wie die jeweilige Be-
setzung. Aufschlußreicher indessen als das notgebotene
Nacheinander erscheint die Projektion des Miteinander; das
Zugleich des scheinbar Verschiedenen entlarvt schonungslos
den Charakter des Eintönigen. In der beachtenswerten spä-
teren Skizze zu einer musikalischen Komödie *Anatol* (1909)
zeichnet sich diese Intention noch entschiedener ab. Alles
summiert sich zu jenem Ergebnis, welches Anatol sich und
seinen Zuschauern vorzuenthalten versucht: das Ganze läßt
sich verstehen als ein fortwährendes Ausweichen vor dem eigenen Bewußtsein, als eine Verdrängung des Wissens um die
Wiederholung, als Flüchtigkeit und Flucht vor dem Alter.
Man wird zum Zeugen eines faszinierenden Doppelspiels: ein
erfindungsreiches Abschweifen in immer neue Illusionen, die
man verhohlen bezweifelt; eine Spannung, von Erwartungen hervorgerufen, deren Enttäuschungen man nicht nur vermutet; Lügen so lange sich vorzusprechen, bis man einen
Augenblick an ihre Wahrheit glaubt oder zu glauben vor-
gibt; in einem betäubenden Überschwang sich zu verlieren, während Skepsis schon erwacht; über Erinnerungen sich
hinwegzuschwindeln und zugleich Vergeßlichkeit zu leug-
nen.
Zahlreiche Spielarten von Liebe sucht Anatol zu entdecken
und vielfältige Arrangements richtet er ein, um neue Nuan-
cen zu ermitteln, und dennoch schlägt zuletzt unwiderleglich die alte Grundfärbung durch. Daß in dieser Folge eines
beharrlichen Wechsels Täuschungen und Enttäuschungen sich
nicht wechselseitig aufheben zu einem spannungslosen Grau,
der Wechsel der Partnerinnen sich nicht in Gestaltlosigkeit
verläuft, darin bergen sich weitreichende Anregungen wie
Schwierigkeiten.
Schnitzler war selbstkritisch genug, um die Bedingungen und
Grenzen zu erkennen und die Wirkungsmöglichkeiten sicher
abzuschätzen. Anläßlich einer geplanten Aufführung des
›Zyklus‹ gibt er aufschlußreich zu bedenken: »Die fünf
verschiedenen Weiber in den fünf Szenen erwünsche ich mir
nicht von wegen der Steigerung der Illusion, sondern [...]
zur Erhöhung des Theaterspaßes, der im letzten und höchsten Sinne auf eine Entfesselung der Ideenassoziationen hin-

ausläuft. Von jeder der fünf weiblichen Figuren soll, wenn irgend möglich, eine neue Kette (der Assoziationen) auslaufen, dagegen soll möglichst vermieden sein, daß vielleicht von Szene 4 oder 5 die Assoziationskette statt ins Freie und Neue nach Szene 1 oder 2 oder 3 zurückliefe. [...] Eine andere Art von Theaterwirkung ließe sich erreichen, wenn man alle fünf Weibsen von einer Komödiantin darstellen ließe. Die Freude an der Verwandlungskunst dieser einen würde in diesem Fall das Vergnügen am Wechsel der Gestalten zu ersetzen oder, wenn diese eine ein Genie wäre, zu überbieten vermögen« (an Otto Brahm, 14. August 1909). Alles wiederholt sich, aber jede Situation in ihrem flüchtigen Charakter hat ihre dramatische Energie zwischen Erwartung und Entlarvung mit ihrer Verwirklichung aufgebraucht; durch keinen Rücklauf mehr kann sie aufgeladen werden. Sind es doch Stimmungsmomente, aus denen Anatol reagiert, Abhängigkeiten vom jeweiligen Augenblick, dem er ausgesetzt bleibt, Verhältnisse, an die man nicht mehr anknüpfen kann. Anatol selbst wird die Wiederholungstendenz kaum bewußt; er lebt von Augenblick zu Augenblick und projiziert den Schein eines unendlichen, niemals abschließbaren Daseins. Er besitzt nicht jenes Fortdauernde, das in keiner Stimmung aufgeht und jede überlebt. Keiner Erinnerung verpflichtet, bleibt ihm jedes Du gleichgültig, da er nur sich selbst bespiegelt. Was ihn bedroht, ist die Leere zwischen den Augenblicken; durch diese Leere muß er hindurch, um den nächsten Augenblick zu erreichen, was oft nur mit verzweifelter Anstrengung gelingt.

Anatol vertritt schon jenen Schnitzler-Typus, der ohne »das Gefühl von Zusammenhängen« lebt; »das Gestern ist tot für ihn, das Morgen unvorstellbar, nur im Raume vermag er sich auszubreiten, er *hat im wahren Sinn des Wortes >keine Zeit<*; daher seine Ungeduld, seine Unruhe und seine Unbedenklichkeit in der Wahl seiner Mittel«. Handeln und Unterlassen erscheinen zum Verwechseln ähnlich; manchmal handelt Anatol nur deshalb, weil ein Nichthandeln ebenso möglich ist und das Resultat in jedem Falle dasselbe bleibt. Er denkt mehreres gleichzeitig und zieht aus nichts die Konsequenz. Zuweilen verkehrt sich seine Lust am Zweifel zum Zweifel an der Lust. Manchmal scheint es, ihm bleibe die Wahl zwischen sich und einer Selbsttäuschung, bis sich entlarvt, daß er aus fortgesetzten Ich-Illusionen existiert und jede Selbstbestimmung ihm mangelt. Vielleicht entspringt seine ziellose Unruhe jener »Untreue«, wie sie Max Frisch versteht: »Versuch, einmal aus dem eigenen Gesicht herauszutreten, unsere verzweifelte Hoffnung gegen das Endgültige.« Anatol zeigt eine Existenz, deren Mitte an der Peripherie liegt; von Launen beherrscht, kein Charakter, vielmehr ein Aggregat wechselnder Bewußtseins- und Temperamentslagen. Alles bleibt in der Schwebe zwischen Willkür und Begründung, Annahme und Berechnung, Absicht und Schwäche, Anspruch und Vorbehalt. Das Widerspiel zwischen Wahrnehmung und Imagination scheint für ihn aufgehoben, denn er nimmt Imaginationen für Wahrnehmungen, während seine Umgebung diesen Widerspruch aufdeckt.

Um die Widerstände der Gegebenheiten, die Monotonie des Wiederkehrenden zu überwinden, bevorzugt Anatol stimmungsvolle Inszenierungen, in denen die Gegebenheiten sich willfährig seinen Vorstellungen anbequemen. Alles Störende wird ausgespart; die Zweifel am Gestern ebenso wie am Morgen. Gleich einem Taschenspieler sucht er jene Reflexe aufzufangen, die er selbst projiziert. Glauben und Zweifel äußern sich nur noch als Stimmungsmomente. Jener Betrug an der Geliebten wird geläufig, »die gegenwärtige mit einer abwesenden zu hintergehen«, »sie selbst als eine andere in den Armen zu halten«, wie es Schnitzler später in seinen *Bedenken* benennt – der ungeheure Vorwurf der *Wahlverwandtschaften* Goethes.

Anatol bleibt ein Ethiker der Phantasie, darin ein Abkömmling von König Alfons aus der *Jüdin von Toledo* Grillparzers: er beherrscht die Kunst bestochener Momente und der Selbstbestechung in »böser Dinge hübsche Formel«. Er verherrlicht die Ohnmacht, ohne es zu erkennen, und genießt noch die Agonie; in seinen skeptischen Momenten scheint er ein Schwärmer, in seinem Schwärmen ein frühreifer Greis; sensibel in seiner Gewissenlosigkeit und gewissenhaft in seinen verzweifelten Analysen; seine Sinnlichkeit ist oft nur Nervosität, und Unvermögen verlarvt er hinter Hypochondrie

Der scheinbare Einfallsreichtum, die Augenblicksspannungen und das Exzentrische – sie suggerieren sinnfällige Gegenwart. Das Aktuelle aber erweist sich in erstaunlichem Grade als Akt der Vergegenwärtigung, der Augenblick als motivierte Erinnerung. Reaktionen wie Besinnungen resultieren weitgehend aus dem Versuch, verlebte Konstellationen wiederzuerwecken. Darin äußert sich Anatols »Art von Treue« – die er in der Schlüsselsituation der *Episode* in einem Anflug von Nachdenklichkeit charakterisiert: »Keine von allen, die ich liebte, kann ich vergessen ... Ich habe manchmal so eine Idee ... Wenn es irgendein Machtwort gäbe, daß alle wieder erscheinen müßten! [...] denke dir, ich spräche es aus, dieses Wort [...] Und nun kommen sie; die eine aus irgendeinem kleinen Häuschen aus der Vorstadt, die andere aus dem prunkenden Salon ihres Herrn Gemahls – Eine aus der Garderobe ihres Theaters – [...] Eine aus dem Modistengeschäft – [...] Eine aus dem Grabe ... Eine von da – eine von dort – und nun sind sie alle da ...« Anatol erinnert sich der Vergangenen und sucht die Gegenwärtigen zu vergessen. Das Evozieren der Verabschiedeten gelingt freilich widerstandsloser als das Wegzaubern der Gegenwärtigen. Eine phantastische Koexistenz aller Verhältnisse bietet sich als »ideelle« Ausflucht an. Dabei überfällt Anatol das Bewußtsein des Ephemeren: »Während ich den warmen Hauch ihres Mundes auf meiner Hand fühlte, erlebte ich das Ganze schon in der Erinnerung. Es war eigentlich schon vorüber ... Gewiß konnte sie in diesem Augenblick nichts anderes denken als mich – nur mich. Sie aber war für mich jetzt schon das Gewesene, Flüchtige, die Episode.« Anatol spürt das Verlangen, aus der Entfernung zu genießen; das Allzunahe bedrängt ihn; Erinnerungen begünstigen die Illusion, Widerstrebendes zu versöhnen. Das Ferne erweist sich allerdings ebenso als Fiktion wie das Nahe. Auch wird es Anatol nicht bewußt, daß er keineswegs frei ist in dem, was er erinnern will.

Die Akte flüchtiger Vergegenwärtigungen bestehen jeweils für sich; keine Szene beruft sich auf die vorhergehende oder bereitet eine kommende vor. Nirgends äußert sich eine Intensivierung, wohl aber eine Kontrapunktik in der Abfolge der eigenständigen Momente. Jede *Anatol*-Szene erscheint wie improvisiert und verrät dennoch die Kalkulation ihres Dichters. Ungeachtet aller Mannigfaltigkeit ergeben sich typische Situationen; die Unterschiede sind durch das jeweilige Gegenüber bedingt, durch die Partnerin oder den kritischen Freund, indessen Anatol stets derselbe bleibt. Perspektiven verlängern oder verkürzen sich, der Fluchtpunkt ändert sich nicht.

Anatol eröffnet jeweils unbekümmert sein Spiel; alles, was er unternimmt, sind Anfänge, die zu keinem wahrhaften Ende gelangen; nichts bleibt Anatol fremder, als etwas zu Ende zu denken oder gar durchzuführen. Im Anfang, im Vorläufigen liegt aller Reiz, darin erschöpft sich aber auch das Ganze. Die Sicherheit, mit welcher Schnitzler die szenischen Skizzen entfaltet, entlarvt das Vollendungslose dieses Spielers, ein Dasein aus Effekten und augenblicklichen Spannungsgegensätzen; das Endlose bleibt sein Fluch, Ausflucht sein Schicksal. Die Gelegenheit beherrscht ausweglos Spiel und Spieler, und als Ende läßt sich nur das nicht mehr Wiederkehrende vorstellen.

Situationen, die derartige Gegensätze vereinigen, Leichtsinn und Schwermut, in denen das Schwierige spielerisch behandelt wird und das Spiel jähe Hintergründigkeit erreicht, sind kaum in jeweils angemessener Differenzierung und gleichförmiger Dichte zu verwirklichen. Schnitzler selber blieben die beträchtlichen Unterschiede innerhalb der *Anatol*-Folge durchaus nicht verborgen. Vornehmlich die früheste Situation, *Anatols Hochzeitsmorgen,* verleugnet ihre Herkunft aus der Welt der Gesellschaftsposse keineswegs, und der Dichter hegte einen zunehmenden Widerwillen gegen das Zudringliche dieser Anlage. Selbst die *Agonie,* in der das Widerspiel von Illusion und Skepsis, aufrichtigen Lügen und bestochenen Wahrheiten unvergleichlich behutsamer und eindringlicher gestaltet ist, wird von ihm als »miserabel« abgetan; *Anatols Größenwahn* begegnete er mit Vorbehalten. Nur die *Frage an das Schicksal* und *Episode* vermochten vor dem kritischen Schöpfer zu bestehen.

Mit der *Frage an das Schicksal* bekennt sich der frühe Schnitzler – parallel zur Tiefenpsychologie – bereits zu jenem Geist des Experiments, der ihm später von Sigmund Freud die gebührende Würde eines unerschrockenen

»psychologischen Tiefenforschers« eintragen sollte. Die ironische Brechung dieses Versuchs liegt darin, daß nicht die Hypnotisierte, sondern der Hypnotiseur entlarvt wird, daß dieser im Angesicht der Wahrheit ins Ungewisse ausweicht; nicht die Wahrheit Coras gelangt ans Licht, vielmehr die zwielichtige Haltung Anatols, der Max umständlich wie verräterisch auseinanderzusetzen sucht: »Treu! Wie heißt das eigentlich: Treu? Denke dir ... sie ist gestern in einem Eisenbahnwaggon gefahren, und ein gegenübersitzender Herr berührte mit seinem Fuße die Spitze des ihren. Jetzt mit diesem eigentümlichen, durch den Schlafzustand ins Unendliche gesteigerten Auffassungsvermögen, in dieser verfeinerten Empfindungsfähigkeit, wie sie ein Medium zweifellos in der Hypnose besitzt, ist es gar nicht ausgeschlossen, daß sie auch *das* schon als einen Treubruch ansieht.« Hinter bestechlichem Zweifel setzt Anatol Verhältnisse fort, die auf Mißverhältnissen beruhen, ohne in seinen Konsequenzen den Mut zu besitzen, diese einzugestehen. Beständig von Sorge verfolgt, die Wahrheit erreiche ihn früher oder später, ergibt er sich der Stimmung des Augenblicks, denn alles Folgerichtige muß ihm unwillkürlich bedrohlich erscheinen. Zuletzt verharrt er ebenso unentschieden wie bei den *Weihnachtseinkäufen*. Es bleibt alles »Episode«, »Roman von zwei Stunden«, und während es sich ereignet, ist es auch schon vorüber; die erbarmungslose Leere umstellt der Abenteurer selbstgeschaffener Fiktionen mit den Kulissen seiner Phantasie.

Was dem Zögern und Abschweifen, dem Schwerpunktlosen und Austauschbaren dennoch Spannung und dramatische Schlagkraft verleiht, ist die Kunst der Situation und des Ausdrucks. Es entspinnen sich Gespräche von beispielhafter Geläufigkeit, die sich bei genauerem Zuhören als Parallelführungen erkennen lassen; suggestives Parlando entlarvt sich als Ausdruck von Fremdheit, ja alles Ausgesprochene verweist auf Verschwiegenes. Die Unterhaltungen sind mit Motiven und Anspielungen derart vollgesogen, daß sie das Entscheidende auszusparen vermögen, daß die gähnenden Zwischenräume den Charakter des Drohend-Unheimlichen verleugnen können. Die Beredsamkeit wird zu einem Triumph des Schweigens. Weniger Worte als differenzierte Tonfälle enthüllen die Person, nicht die vorgebrachten Be-

weggründe, sondern ihre mimische Erscheinung. Anatol
spricht weniger aus sich als über sich; was sich als Gespräch
darbietet, bildet eine virtuose Verbindung von Formeln, von
Fragen ohne Antworten. Es wird an Dinge gerührt, die gar
nicht gemeint sind, und ständiges Abbrechen und Abschweifen verrät ein verhaltenes Insistieren. Die Situationen bilden
den Text. Pointen, Aperçus, Repliken verdecken das Mono-
manische, und die zuweilen eigensinnige Umständlichkeit
verfolgt nicht das Klärende, vielmehr das Ungewisse; die
äußersten Anstrengungen gelten der Absicht, Einsichten zu
verstellen, Helligkeiten des Bewußtseins abzudunkeln. Die
Figuren bewegen sich vor fließenden Grenzen; vor fixier-
ten Gründen jedoch hebt Anatol sich eigentümlich schwan-
kend ab. Der Gegensatz zwischen Wissen und Sagen,
Illusion und Skepsis, Leichtsinn und Schwermut erzeugt jene
Atmosphäre, die alles in dramatischer Spannung zusammen-
faßt, während die Auseinandersetzungen selbst weitgehend
belanglos bleiben.

Anatols Größenwahn bildet den letzten Akt vergeblicher
Versuche, sich zu behaupten. Beinahe ein Menschenalter
trennt diesen Anatol von seinem ersten Auftreten und versetzt ihn in die widersprüchlichste und peinlichste Lage, indem sie ihn als gealterten Abenteurer bloßstellt. Noch immer pendelt dieser haltlos zwischen Illusion und Skepsis; im
Licht der Ironie erscheinen jedoch die Verhältnisse vergrö-
ßert; das Exzentrische und Phantastische erreicht den Ausdruck des Grotesken, zumal Anatol eigentümlich starr in
sich verharrt, so daß der Eindruck des Mechanischen entsteht. Selbst hellsichtige Bemerkungen muten geisterhaft an,
weil sie beziehungslos zu seinem Verhalten bleiben. Das
Fragwürdige in allen Beziehungen, das grenzenlos Relative,
wird hervorgekehrt: »... Sie betet vielleicht zugleich einen
andern an, als eine ganz andere...« Nicht Lügen, wohl
aber Wahrheiten, die »mit jeder Minute« wechseln, bestimmen die Situation. Von allem versucht Anatol sich abzu-
setzen, und er gelangt nicht von der Stelle. Krampfhaft
müht er sich, die Bilanz zu seinen Gunsten umzufälschen; ob
wahr oder trügerisch, er wagt es nicht zu entscheiden. *Größenwahn* zeigt seine letzte Selbsttäuschung. Das Alter über-
holt ihn, ohne daß er es wahrnimmt. Wenn er die Bühne

verläßt, betritt bereits ein jugendlicher, neuer Anatol die Szene, und das letzte kann gleichermaßen als Epilog wie als Prolog aufgenommen werden.

Das verwirrende Zugleich von Täuschung und Enttäuschung, von Spiel und Desillusion, Wahrheit und Lüge, Komödie und Verzweiflung, das Miteinander von Erwartung und Agonie, Treue und Untreue, die Gegensatzspannung von Sein und Schein, die Bühne im Parkett und der Zuschauer auf der Bühne – alle diese Schnitzler-Themen verdichten sich früh vollendet in der »Groteske« *Der grüne Kakadu* (1898). Dieses Spiel läßt sich als eine Mitte des Gesamtwerkes verstehen, indem sich in ihm zahlreiche Schnitzler-Möglichkeiten verwirklichen und sein Beziehungsreichtum es mit vielen anderen Dichtungen verknüpft. Das Vermögen zu konzentrieren bewährt sich beispielhaft, die Anlage »Drei Akte in Einem«, wie Schnitzler sie später einmal bezeichnet. Aber auch jene Skepsis, welche die vielwertigen Möglichkeiten freilegt, und nicht zuletzt die Ironie, welche den Scherz im Ernst, den Ernst im Scherz, das Oben im Unten und das Unten im Oben abspiegelt, eines als Illusion des anderen aufdeckt und damit desillusioniert – dieses Spannungsverhältnis, das in müheloser Weise sich als Spiel mit vielfachen Brechungen und in vielbezüglichem Facettenreichtum repräsentiert, rechtfertigt das Urteil des selbstkritischen Dichters, der seinem *Kakadu* den »Ruf eines Meisterwerks« zuerkennt.

Was als erregende Improvisation sich vorstellt, ist das Ergebnis sorgfältiger Regie; die Zufälle sind genau berechnet, und die Beziehungen zeigen die Dichte, daß jener Überschuß entsteht, der hinreißende Überzeugungskraft verbürgt. Mit der Leichtigkeit eines Eisläufers zeichnen die Gespräche geistvolle Figuren; ihre Sicherheit täuscht über den begrenzten Spielraum ebenso hinweg wie über das Abgründige. Beiläufige Konversation dringt unvermutet zu allgemeinen Grundfragen vor, anspruchsvolles Pathos erweist sich als nichtssagend: ein Spiel aus augenblicklich wechselnden Gegensätzen. Absichten und Wirkungen werden zu Größen, die mit verdeckten entgegengesetzten Vorzeichen ihr Wesen vertauschen.

Scharfsinnig erkennt Schnitzler aus »einem Feuilleton« das Vielperspektivische wie Dramatische des Grotesken-Entwurfs: »Ein Beisel, wo zum Hautgout des Aristokraten ein paar gute arme Teufel die bösen Buben spielen. Einer aber behagt sich in der Rolle. Er erzählt eines Abends eine schauerliche Geschichte. Er hat die Tat wirklich begangen.« Dieses bestürzende Verhältnis ergänzt der Dichter noch durch die Möglichkeit: »In einer Schenke spielen Komödianten die Verbrecher. Wie wenn nun einer dieser Komödianten ein wirklicher Verbrecher wäre?« Eine Vorstudie skizziert die Spiegelumkehr in dieser verkehrten Welt: »Hier ist alles auf den Kopf gestellt. So was Wirres. Ja so wie die Wahrheit ist. Zufall macht zur Dirne die eine, zur anständigen Frau die andre.« Prospère, ein ehemaliger Theaterdirektor – sein Name schon erscheint ominös –, betreibt jetzt den »Grünen Kakadu«: »kein gewöhnliches Wirtshaus ... es ist eine Verbrecherherberge.« Die Illusionen in diesem Theater reflektieren verdeckte Wirklichkeiten, denn an diesen »seltsamen Ort« »kommen Leute her, die Verbrecher spielen – und andere, die es sind, ohne es zu ahnen«. Auch Prospère spielt »noch immer Komödie; nur in einer anderen Art als früher«. Die einstigen Schauspieler »sitzen hier herum und tun, als wenn sie Verbrecher wären [...] Sie erzählen haarsträubende Geschichten, die sie nie erlebt – sprechen von Untaten, die sie nie begangen haben ... und das Publikum [die vornehmste und eleganteste Gesellschaft] [...] hat den angenehmen Kitzel, unter dem gefährlichsten Gesindel von Paris zu sitzen –« Prospère wiederum vergnügt sich daran, seine adligen Gäste »nach Herzenslust« als »Schweine« und »Gesindel« zu begrüßen, während diese »es für Scherz halten«; er trägt einen Dolch, keinen Theaterdolch, wie vermutet wird; denn »irgendeinmal kommt ja noch der Tag, wo aus dem Spaß Ernst wird«. Gleichsam als Entgegnung und Bestätigung bemerkt der Vicomte von Nogeant, Stammgast dieses Lokals und Bewunderer der »künstlichen Verbrecher«, zu seinem aufgeschreckten jüngeren Adelsgefährten, den er hierher geführt: »Denk doch, daß alles Spaß ist. Und dabei gibt es Orte, wo du ganz ähnliche Dinge im Ernst hören kannst.« Der eine hält das Spiel für Ernst, der andere faßt den Ernst als Spiel – und jeden verwirrt das

Zusammenwirken von Wahrheit und Lüge; zuletzt sieht der
eine sich getäuscht, der andere enttäuscht. Ob ein Vorgang
als Spaß oder Ernst anmutet, hängt weitgehend vom jeweiligen Blickpunkt, vom Zeitpunkt und Bewußtseinszustand
ab; von der Straße aus gesehen nimmt sich die Vorstellung
im »Kakadu« als müßiges Amüsement aus; das Publikum in
der Kneipe hält das Volkstreiben auf der Straße für amü-
santen Müßiggang – und beide Beurteilungen ändern sich
plötzlich.

Dieses Miteinander von unwahrscheinlicher Wirklichkeit,
von Spaß und Ernst, erscheint dadurch noch vielwertiger,
daß auch die Beziehung zwischen Rolle und Individuum unwillkürlich Wechselwirkungen zeitigt. Gaston »hat den Verbrecher gespielt und ist einer geworden«. Grain versucht den
»umgekehrten Weg«. Die Marquise Séverine wiederum
spielt eine Dirne und findet sich so virtuos in diese Situation – was ihren Gemahl zur Bewunderung hinreißt –, weil
sie darin ihr Wesen verwirklicht. Georgette hingegen stellt
eine »gemeine Straßendirne« dar; dabei ist sie »die treueste Frau, die man überhaupt in Paris finden kann«. Mit un-
bestechlichem Spürsinn erkennt Schnitzler die »nicht selten
tragische *Verwandtschaft* zwischen [...] Typ und [...]
Gegentyp«; er weiß aber zugleich um die verhängnisvollen
Rückwirkungen der Rolle auf den Spieler und um die ver-
wandelnde Kraft der Einbildung. Das ausgreifende Barock-
thema, das Lope de Vega, Bidermann oder Rotrou beschäftigt hatte, das Pirandello ebenso aufgreift wie Genet in seinen *Zofen*, bricht sich vielfältig in dieser Groteske. Glauben
an die Rolle und Zweifel an ihrer Durchführung, die be-
wußte Verstellung und entstellende Desillusion zeitigen ein
verwirrendes Ich-Theater. Die Grenzen zwischen Bühne und
Parkett verschieben sich unheimlich, ja sie lassen sich niemals eindeutig bestimmen, sowenig wie Beginn und Ausgang
des Spiels sich untrüglich erkennen lassen. Kann man plötzlich aufhören zu spielen? – Diese Frage weist über den Ausgang hinaus. Sören Kierkegaard hat die Grenzmöglichkeit
entworfen: »[...] denk dir, eines Abends verwirrte sich
durch eine allgemeine Geistesabwesenheit allen Spielern der
Sinn, so daß sie glaubten, wirklich das zu sein, was sie dar-
stellten.«

Die Spiel-Welt im »Kakadu« zeigt ein faszinierendes Inein-
ander von Sein und Schein. Der junge Albin trifft etwas
Richtiges, wenn er beklommen äußert: »Es ist erschreckend
… die Leute meinen es ernst.« Er kennt sich »absolut«
nicht mehr aus. Der Dichter Rollin, vertrauter in diesem
Doppelbereich, belehrt den Chevalier, der eine zuverlässige
Grenze ausmitteln möchte: »Sein … spielen … kennen Sie
den Unterschied so genau, Chevalier?«, um diese rhetorische
Frage bekenntnishaft zu beantworten: »Und was ich hier
so eigentümlich finde, ist, daß alle scheinbaren Unterschiede
sozusagen aufgehoben sind. Wirklichkeit geht in Spiel über
– Spiel in Wirklichkeit.« Als später Séverine die »Komödie« bezweifelt, pflichtet er ihr vielsagend bei: »[…] überall blitzt etwas Wirkliches durch. Das ist ja das Entzük-
kende.« Er findet seinen Genuß weniger in der »Komödie«
als vielmehr darin, in dieser Schein-Welt den Schein der
Wirklichkeit zu entdecken. Er könnte auch mit den Versen
Hofmannsthals *Zu einem Buch ähnlicher Art* (wie *Anatol*)
erwidern:

[…] unsere Wahrheit gleitet
Mit unserer Komödie durcheinander
Wie eines Taschenspielers hohle Becher –
Je mehr ihr hinseht, desto mehr betrogen!
[…]
Ward je ein so verworrnes Spiel gespielt?
Es stiehlt uns von uns selbst und ist nicht lieblich
Wie Tanzen oder auf dem Wasser Singen,
Und doch ist es das reichste an Verführung
Von allen Spielen, die wir Kinder wissen,
Wir Kinder dieser sonderbaren Zeit.

Das Wissen um die Unwirklichkeit des Spiels verleiht dem
Wirklichen erst seine Tiefendimension. Die Projektion des
noch nicht Verwirklichten evoziert unwiderleglich wahre
Verhältnisse. Unwiderstehlich wirkt die Magie des Fikti-
ven.
Die Vorstellung, die im »Grünen Kakadu« beginnt, bedarf
gewisser Vereinbarungen; dennoch versteht jeder Spieler etwas anderes als »Wirklichkeit«, und unterschiedlich sind die

Bewußtseinsgrade, in denen jeder in das Spiel hineingerissen wird; Rollin weidet sich an dem beklemmenden Zwischen-Spiel, nicht mehr Illusion und noch nicht Desillusion. Er verwehrt der Marquise jede Beifallsäußerung: »Im Augenblick, wo Sie Bravo! rufen, machen Sie das alles wieder zum Theater – und das angenehme Gruseln ist vorbei.« Grasset ist bemüht, die Theater-Welt mit dem Welt-Theater zu vertauschen; auf jeder Bühne bleibt er freilich derselbe Schmierenkomödiant, der um billigen Beifall buhlt, stets abhängig von Zustimmung und Publikum; Henri, der geniale Schauspieler, verkennt die handgreifliche Wirklichkeit und erkennt doch mit nachtwandlerischer Sicherheit die wahren Abgründe, wenn er spielt; seine echten Gefühle und Überzeugungen klingen hohl und phrasenhaft, die vorgespielten sind von packender Wahrheit. Die Illusion bildet seine Wirklichkeit, während er dem Verbindlichen unbeholfen begegnet. Der Herzog von Cadignan gibt der Macht des Spiels den Vorrang über das Spiel um die Macht, indem er Henri huldigt: »mir ist immer, als verstünd' ihn keiner so ganz wie ich [...] Es ist doch die schönste Art, sich über die Welt lustig zu machen; einer, der uns vorspielen kann, was er will, ist doch mehr als wir alle.« Bewundert der Herzog wie kaum ein zweiter die Kunst der Täuschung, so täuscht er sich tödlich über die unverstellten Leidenschaften des Bewunderten. Spieler und Gegenspieler sind einander ebenbürtig und unüberbrückbar voneinander geschieden. Der abwesende Herzog wird von Henri so eindrucksmächtig beschworen, daß der später hereindrängende wie ein »Gespenst« wirkt.

Jeder spielt auf dieser vielbezüglichen Bühne eine Rolle; aber sie beschränkt sich nicht auf ein einziges Spiel; nicht nur das Doppelspiel erscheint geläufig, dem sich Léocadie oder Séverine ergeben oder in anderer Hinsicht Grain, der aus seiner Rolle fällt wie später Henri; überraschend kommt es auch zum Rollentausch; Prospère, der das Spiel inszeniert hatte, entgeht nicht, daß das Spiel mit der Wirklichkeit die Wirklichkeit des Spiels verhängnisvoll enthüllt; er sieht sich genötigt, den Gläubigen noch vorzutäuschen, wenn Zweifel bereits ihn überzeugen. Darüber hinaus spielt jeder unwillkürlich Rollen des Zuschauers und des Akteurs; denn die

Spielwelt des einzelnen, scheint sie auch noch so geschlossen, vermag jene doch nicht auszuschließen vom Weltspiel. Dieses aber begleitet auch die Aufführungen im »Grünen Kakadu«, um auf überraschende Weise schließlich das kleine Welttheater in das große einzubeziehen.

Die »Groteske« handelt »in Paris am Abend des 14. Juli 1789«. Schon immer war zwar das Geschehen draußen als »Parallelaktion« vernehmlich gewesen. Den jungen Albin beunruhigt dieser Straßenlärm sonderbar, »wie wenn Leute draußen sehr rasch vorbeijagten«. Erdenklicher Seltsamkeiten gewärtig, stellt er die verblüffende Frage, die ohne Erwiderung bleibt: »Wird das auch von hier aus geleitet?« Der Marquis von Lansac kommt mit seiner Frau und Rollin soeben von der Bastille, dieses Abenteuer mit einem anderen fortzusetzen. Ebenso vieldeutig wie ahnungslos kommentiert die Marquise: »Es sieht aus, wie wenn sie einrennen wollten.« Rollin stimmt auf seine Weise deklamierend ein; er glaubt, drohende Wirklichkeit mit hohem Pathos abzufälschen.

Die Behörde hatte für diesen Abend einen Kommissär in die zwielichtige Kneipe entsandt, um den fingierten Aufruhr zu zensieren, während die soeben ausbrechende Revolution jede Vorsichtsmaßnahme hinter sich läßt. Der Aufpasser muß sich verkleiden, um »Klarheit« zu erlangen; als er endlich glaubt, entschieden zu sehen, ist er seiner Entscheidungsfreiheit bereits beraubt.

Die Ausschweifungen des »Römischen Carneval«, ein Jahr vor Ausbruch der Französischen Revolution, hatte Goethe mit der *Aschermittwochsbetrachtung* geschlossen: »[...] daß die lebhaftesten und höchsten Vergnügen, wie die vorbeifliegenden Pferde, nur einen Augenblick uns erscheinen, [...] daß Freiheit und Gleichheit nur in dem Taumel des Wahnsinns genossen werden können, und daß die größte Lust nur dann am höchsten reizt, wenn sie sich ganz nahe an die Gefahr drängt und lüstern-ängstlich-süße Empfindungen in ihrer Nähe genießt.« Mit seinem Gefolge dringt Grasset von der Bühne des Welttheaters in die Theaterwelt des »Grünen Kakadu« ein; hier wie dort ist, entgegen der Annahme des Wirts, der »Spaß« noch nicht zu Ende. Das abständige Spiel fordert die unverstellte Wahrheit heraus;

was dem Zuschauenden früher oder später vertraut, offenbart sich schließlich dem Akteur: die Täuschung, in die er sein Publikum versetzt hatte, wird ihm zur entsetzlichsten Enttäuschung. Indem der Schauspieler in ihm stirbt, ersticht er den Herzog.

Etwas Unwiderrufliches ist geschehen, aber das Geschehen erscheint vieldeutig. Séverine genießt noch das furchtbare Ereignis als erregendes Theater: »Man sieht nicht alle Tage einen wirklichen Herzog wirklich ermorden.« Nicht weniger ichbefangen rühmt Grasset den Mord als revolutionären Akt: »Wer einen Herzog umbringt, ist ein Freund des Volkes.« Auf seine Weise verfremdet er die Wirklichkeit zur Schmiere: »Nirgends kann der Ruf: ›Es lebe die Freiheit!‹ schöner klingen, als an der Leiche eines Herzogs.« Dem Komödianten Henri entringt sich nur noch das rätselhafte »Warum?«, und der regiebeflissene Wirt verharrt völlig wortlos.

Grasset, die Marquise, Bürger und Schauspieler – sie vereinigen sich in dem Ruf: »Es lebe die Freiheit!« So verschieden die Intentionen auch sind, die in diese Proklamation münden, so bergen sich in ihr doch schon neue Illusionen wie Mißverständnisse, Mißverständnisse, die damit einsetzen, Henri als Freiheitshelden zu feiern; war doch eben selbst die Freiheit in der Wahl der Rolle eindringlich widerlegt worden. Nicht weniger illusionär wäre es, diesen Ausgang als Schluß zu verstehen, denn es bleibt kein Zweifel, daß das Spiel fortgesetzt wird: das erotische Spiel auf privater Bühne ebenso wie das öffentliche Welttheater. Derselbe Grasset, der zu Beginn Prospère anmaßend zugerufen hatte: »du siehst mich als großen Mann wieder oder nie«, straft sich doppelt Lügen; nie wird an ihm Größe sichtbar, so oft man ihm auch begegnet, und vielfache Wiederbegegnungen mit diesem prahlerischen Dilettanten stehen weiterhin bevor. Hatte er eingangs gefordert, das Kneipen-Theater eines unwirklichen Aufruhrs zugunsten des Straßen-Theaters der wirklichen Revolution zu schließen, so hält er schon Rollen für neue Auftritte bereit und teilt bereitwillig die Stichworte aus. Es bedarf der Mit- und Gegenspieler, um zur Erkenntnis seiner selbst zu gelangen, und in jedem Schicksal wirken Ich und Es zusammen. Die Wahrheit des

Spiels äußert sich darin, daß in ihm jeder erfährt, was er ist:
der eine findet auf dem Wege über scheinbaren Selbstverlust
sich selbst, ein anderer büßt überraschend angemaßte Selbst-
sicherheit ein. Selbst-Bewußtsein und Spiel-Bewußtsein of-
fenbaren eine eigentümliche Gegensatzspannung. Hem-
mungslose Lust am menschlichen Spiel verführt zum Spiel
mit dem Menschen. Die »Groteske« vereinigt auf verschiedenen Spielflächen große Szenen mit Komödien der Worte,
Komödien der Verführung und Stunden des Erkennens –
um nur einige leitende Durchblicke freizugeben.

So wirkungsmächtig und durchdacht dieses Miteinander vielfältig verschlungener Spielkreise angelegt ist, so packend die
gleichzeitigen Dramen in ihren verschiedenen Auswirkungen
erscheinen – so bleibt Arthur Schnitzler ebenso an der Erkenntnis des Theaters gelegen wie am Theater der Erkenntnis. Es kann dem Zuschauer kaum entgehen, daß die verschiedenen Gestalten bewußt oder unbewußt dazu gedrängt
werden, in scheinbarer Wirklichkeit die Täuschungen, im
Schein eine Wirklichkeit aufzudecken, und die verwirrenden
Interferenzerscheinungen in den vielfältigen Vorgängen for-
dern nicht weniger dazu heraus. Die verwirrenden Verhältnisse und gegensätzlichen Reaktionen bestätigen die hinter-
sinnige Reflexion von La Rochefoucauld: »Es gibt verkappte
Unwahrheiten, die die Wahrheit so natürlich spielen, daß,
sich von ihnen nicht täuschen zu lassen, Mangel an Urteil
gleichkäme.« Der Herzog von Cadignan zeigt den verdeckten Fluchtpunkt der Perspektiven auf: »Denken Sie nicht
nach über das, was ich sage: Es ist alles nur im selben Augenblick wahr.« Von Henris Spiel gepackt, ruft Albin François
zu: »[...] dieser Mensch spricht die Wahrheit.« Der jedoch
glaubt zunächst eine Einschränkung machen zu müssen, um
später erregt Zweifel vorzubringen: »Um Himmels willen,
so ist es wirklich wahr oder nicht?« »Ja, es ist wahr!«, lautet
die bündige Antwort von Prospère. Als Henri jedoch die
Illusion durchbricht, um zögernd auf den Zuruf der Ernüch-
terung einzugehen und ungeheure Bewegung die Zuschauer
ergreift, trachtet Séverine danach, den Aussagecharakter dieser Augenblickswendung zu ermitteln: »Nun, wo ist jetzt die
Wahrheit?« Sie ist stets dort, wo man sie nicht sucht; glaubt
man sie eingeholt, hat sie sich auch schon wieder entfernt.

Arthur Schnitzler erkennt, wie beispielhaft später Robert Musil oder Pirandello, daß Wahrheit etwas Relatives bedeutet, da »nebeneinander das Verschiedenste für wahr« gelten kann. Indessen zeitigt diese Einsicht keine Indifferenz, vielmehr die unerbittliche Forderung nach Genauigkeit. Nicht das bequeme Definitive, mit dem man sich das Schwierige leichtmacht, vielmehr die Wahrheit des sich durchdringenden widersprüchlichen Zusammenwirkens, der wechselseitigen Abhängigkeiten, der fließenden Grenzen gestaltet er in seiner Dichtung. Er offenbart die durchgängige Abhängigkeit von Annahmen und Erwartungen, und sein Spiel wählt nicht den Ausweg eines willkürlichen Schlusses, vielmehr unterzieht es sich der harten Probe des niemals Endgültigen. Entsprechend gelangt Schnitzler zu der Erkenntnis, daß viele Wirklichkeiten nebeneinander existieren, daß jegliche nur jenes vorläufige Verständnis erschließt, das man sich selbst, den anderen und den Vorgängen entgegenzubringen vermag. Wirklichkeit und Illusion können als austauschbare Vorstellungen erscheinen.

Jede Wirklichkeit birgt ebensoviel Fiktives wie das Fiktive Wirklichkeit. Erst indem man das eine durch das andere zu verstehen sucht, entsteht dichterische Erkenntnis, bildet sich aber auch eine Erkenntnis der Dichtung. Die benachbarten *Paracelsus*-Verse vermitteln zugleich Entwurf wie Nachwort und umkreisen das Schlüsselphänomen:

> Es war ein Spiel! Was sollt' es anders sein?
> [...]
> Es fließen ineinander Traum und Wachen,
> Wahrheit und Lüge. Sicherheit ist nirgends.
> Wir wissen nichts von andern, nichts von uns;
> Wir spielen immer, wer es weiß, ist klug.

Gerhart Baumann

INHALT

Anatol

  Einleitung 5

  Die Frage an das Schicksal 7

  Weihnachtseinkäufe 19

  Episode 28

  Denksteine 42

  Abschiedssouper 48

  Agonie 61

  Anatols Hochzeitsmorgen 71

Anatols Größenwahn 89

Der grüne Kakadu 111

Zeittafel 153

Nachwort 157

ARTHUR SCHNITZLER

Das erzählerische Werk	*Das dramatische Werk*
Die Frau des Weisen und andere Erzählungen Band 1960/Band 1	*Liebelei* und andere Dramen Band 1967/Band 1
Leutnant Gustl und andere Erzählungen Band 1961/Band 2	*Reigen* und andere Dramen Band 1968/Band 2
Doktor Gräsler, Badearzt und andere Erzählungen Band 1962/Band 3	*Der grüne Kakadu* und andere Dramen Band 1969/Band 3
Der Weg ins Freie Roman Band 1963/ Band 4	*Der einsame Weg* und andere Dramen Band 1970/Band 4
Casanovas Heimfahrt und andere Erzählungen Band 1964/Band 5	*Komtesse Mizzi* und andere Dramen Band 1971/Band 5
Traumnovelle und andere Erzählungen Band 1965/Band 6	*Professor Bernhardi* und andere Dramen Band 1972/Band 6
	Fink und Fliederbusch und andere Dramen Band 1973/Band 7
Therese *Chronik eines Frauenlebens* Band 1966/Band 7	*Komödie der Verführung* und andere Dramen Band 1974/Band 8

FISCHER TASCHENBUCH VERLAG